中国政法大学青年教师学术创新团队
资助项目

德国民法遗产分割
（§§2042~2057a BGB）诺莫斯注解

——2014年最新版诺莫斯德国民法典继承法
（§§1922~2385 BGB）注解之一部分

[德]克里斯蒂娜·埃贝尔-博格斯　著

Christina Eberl-Borges

王　强　译

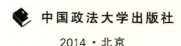

中国政法大学出版社

2014·北京

德国民法遗产分割
（§§ 2042~2057a BGB）
诺莫斯注解

Teil von

Nomos-Kommentar zum BGB

Band 5-Erbrecht §§ 1922~2385

der 4. Auflage 2014

by Prof. Dr. Ludwig Kroiß, Prof. Dr. Christoph Ann, LL. M. and Dr. Jörg Mayer

版权登记号：图字 01-2014-4540 号

著者前言

献给 苏颖霞 女士

目前，比较法研究正蓬勃发展。欧洲在积极研究统一的民法，特别是就制定统一的欧洲合同法已取得长足进步。中华人民共和国的比较法研究更是开展得如火如荼，因为比较法学在中国大陆和欧洲不同，不用局限于欧盟法制框架，而是定位国际标准：中华人民共和国正在建立、完善一套民法制度。目前，首先要使现有各单行法更为精细。各单行法所涉及的分支领域中，立法者的立法工作与比较法研究并行，当前在继承法领域即是如此。

比较法学肩负着一项特殊使命——就法学问题展开国际对话。由于语言的差异，这一对话并非都很容易。本书作为我对《德国民法典》中遗产分割条款（§§ 2042～2057a BGB）注解的中文译本，希望其能为促进中德法学对话有些许贡献。该注解系《诺莫斯德国民法典注解》第5卷——继承法注解2014年4月最新版（第4版）之一部分。

在此我要特别感谢中国政法大学副教授王强博士，是他精心完成了本译作。我还要感谢德国诺莫斯出版社十分友善地准许本注解中文译本在中国大陆出版。

　　我自己之所以研究中国法律，要感谢我尊敬的同事——已经退休的西北政法大学教授苏颖霞博士，是她激发了我对中国法律、这个国家和她的人民的兴趣。我需要交流时，她总是不吝时间，多少年来一如既往。在此，我将本书献给她。

克里斯蒂娜·埃贝尔–博格斯
Christina Eberl–Borges
2014年6月于德国美因茨大学

译者前言

　　我国大陆过去、目前及未来民事立法，首要参照的国外立法当属《德国民法典》（下简称 BGB）。[1] BGB 一方面逻辑体系有机缜密、概念定义精准、法理内涵深刻、条款应用弹性大，另一方面则触类交错，为实现深度法学、法理内涵的广泛适用，BGB 的概念、条款、章节等诸层面往往高度抽象。因此，客观上，其概念不易区分、所指难于明确、涵义不易理解、关联难于厘清。BGB 内容本身、对 BGB 内容的理解及对 BGB 法条的运用能够日臻完善，法学家、法官、律师等法律人（Juristen）的专门注解功不可没。[2] BGB 内涵与逻辑博大而精深，庞杂且缜密，对于依各专业领域细分的编、章、节、目、分目、亚分目、条、款/句、分句、项等层级单位，如仅从法典本身出发，其各

---

　　[1] 参见梁慧星主编：《中国民法典草案建议稿附理由：继承编》，法律出版社 2013 年版，尤其请注意其中引用的德国民法典立法例。

　　[2] 参见［德］埃贝尔-博格斯著，王强译：《德国民法动物饲养人责任（§§ 833，834 BGB）施陶丁格注解：2012 年最新版施陶丁格德国民法典注解 —— 侵权行为条款（§§ 830~838 BGB）之一部分》，中国政法大学出版社 2013 年版，译者前言。此外，关于将 BGB 的起草诞生和 BGB 注解、判例体系的不断积累完善分别视为德国民法的第一、第二发展阶段以及与之并行而将我国大陆民法自身发展、继受德国民法、译介德国民法亦各自分为二个阶段的观点，亦请参见该译著译者前言，此不赘述。

自涵义及相互关联常难以把握。而对 BGB 专门详注的作用恰恰在于：

1. 帮助消化、理解各法条内涵。

2. 帮助梳理、厘清各法条与法典各层级单位的有机关联。

3. 诠释法条与各层级单位涉及的核心概念与关键语汇。

4. 通过判例解析和应用举例，说明各法条在实践中如何运用，进而更深层次地阐明法条内涵。

对这些细分领域的专门详注既有机联系，又相对独立，结合所注解法条本身，符合我国大陆民法单行法特点，可直接为其所借鉴。法的完善依赖于扎实且不断精进的详注，高质量详注又诞生于完备的法规。另外，虽然我国大陆民法界亟须此类详注，但其在我国大陆却鲜有译介。译介此类详注，可以填补这一空白，对大陆民法有着重要参考价值。

由德国美因茨大学埃贝尔-博格斯教授[1]所著的《德国民法遗产分割（§§ 2042 ~ 2057a BGB）诺莫斯注解》（下简称《遗产分割注解》），恰恰属于这样一部专项详注，是继埃贝尔-博格斯教授所著的《德国民法动物饲养人责任（§§ 833，834 BGB）施陶丁格注解》（由译者翻译并出版）之后的第二部 BGB 细分专题详注。《遗产分割注解》与前一译著相比，风格有一定类似，但多有独到之处。其体例、内容的特点及优点表现如下：

1.《遗产分割注解》属《诺莫斯德国民法典注解》（下简称《诺注》）系列中继承法注解——2014 年最新版《诺莫斯德国民法典继承法编（§§ 1922 ~ 2385 BGB）注解》（下简称《诺

---

[1] 克里斯蒂娜·埃贝尔-博格斯女士（Prof. Dr. iur. Christina Eberl-Borges），现任德国美因茨大学法学院民法学（尤其是亲属法、继承法）、国际私法及比较法学教席教授。

注继承法》)〔1〕之一部分〔2〕。《诺注》系德国 BGB 几大权威注解之一，由德国著名法学专业出版社诺莫斯（NOMOS）出版社和德国律师协会联合出版，注解人分别为德国各大学法学院教授、各级法院及各级专业法院的院长或法官、高级律师、高级公证员等，基本囊括了各专项领域法学理论、实践诸方面最高级别的专业人士。《诺注》既注重法学理论的扎实铺陈，又注重法条的实践应用，且每一细分专题中被注解条款所涉及领域皆为注解人自己的研究专长，充分保证了注解的权威性和专业性。此外，《诺注》始终与时俱进，不断更新发展，整体质量经过了时间的检验。《遗产分割注解》著者埃贝尔-博格斯教授的研究专长中包括亲属法、继承法，其在德国民法继承法领域著述甚丰，被德国及欧洲法学界公认为是继承法领域尤其是遗产分割研究方面的知名专家，〔3〕《遗产分割注解》的质量从而更得以保证。

2. 《诺注继承法》基于 BGB 继承法编自身的特点而具有系统性、整体性、相对独立性，但又和 BGB 前几编有机关联。继承法编和亲属法编在 BGB 中关联最紧，二者相当一部分在整个 BGB 中又最为复杂、最难理解。BGB 继承法编由《诺注继承法》完全依照该编的编排结构逐条梳理解读，《诺注继承法》各部分因此能够以清晰的脉络关联呼应。《遗产分割注解》注解对象 BGB 第 2042 ~ 2057a 条在《诺注继承法》中所处的逻辑位置为：德国民法典 → 第五编 继承法（§§ 1922 ~ 2385）→ 第一章 继

---

〔1〕《诺注继承法》德文名称：Dauner-Lieb, Barbara/Heidel, Thomas/Ring, Gerhard (Hrsg.)：NomosKommentar zum BGB-Erbrecht, Band 5：§§ 1922 ~ 2385. 4. Aufl., Baden-Baden, 2014.

〔2〕三者关系由上至下为：《诺注》→《诺注继承法》→《遗产分割注解》。

〔3〕关于埃贝尔-博格斯教授在遗产分割方面的著述，参见著者简介。

承 → 第二章 继承人的法律地位（§§ 1942～2063）→ 第一节 遗产的接受与拒绝、遗产法院的照料 → 第二节 继承人对遗产债务的责任 → 第三节 遗产请求权 → 第四节 多位继承人（§§ 2032～2063）→ 第一目 继承人相互之间的法律关系（§§ 2032～2057a）→ 第二目 继承人与遗产债权人之间的法律关系 → 第三章 遗嘱，后直至第九章。BGB 继承法编 → 第二章 → 第四节（多位继承人）中，第 2032～2041 条规定了作为继承人共同关系成员的共同继承人关于遗产的共同权利及义务，而《遗产分割注解》注解对象 BGB 第 2042～2057a 条主要针对共同继承人就遗产分割，或者说就继承人共同关系分割[1] 各自或相互间的权利、义务。

3.《诺注继承法》各部分和相应的 BGB 继承法编各层级单位相辅相成，对我国继承法有重要借鉴意义。BGB 继承法编共 464 条（第 1922～2385 条），尽管并非所有机制都直接适用于我国继承法和继承方面的民事习惯，但与我国大陆现行《继承法》仅 37 条相比，其对有关继承问题的涵盖及应对措施要周详很多。随着我国经济的发展和人民私有财产的增加，大陆现行《继承法》已无法应对急剧增加和日益复杂的继承案件纠纷，亟待改革。[2] 对于遗产分割，我国大陆现行《继承法》的规定虽散见于第 13、15、25、26、28、29 条中，但漏洞很多，既未从继承人共同关系分割的角度看待遗产分割，也未规定诸如共同继承人、均衡义务、均衡请求权等具实用性的重要概念。我国大陆《继承法》改革如果借鉴 BGB 中关于遗产分割的规定，绝

---

〔1〕 就"继承人共同关系分割"的提法，参见译者在本译著第 2042 条注解中对标题的脚注。

〔2〕 参见梁慧星主编：《中国民法典草案建议稿附理由：继承编》，法律出版社 2013 年版，继承编说明。

非盲目追求先进立法中的所谓复杂精巧之处，着实因为遗产分割是继承的重要环节，涉及公平继承的保障以及继承权、继承份额/应继份的实现等。《遗产分割注解》正是对这一重要环节的系统严密解析。

4. 《遗产分割注解》对 BGB 遗产分割条款（第 2042 ~ 2057a 条）逐条、逐款、逐句（甚至半句）进行注解，剖析其中的法理内涵，交代条款的来龙去脉，阐释各条之句外法意，既是理解 BGB 遗产分割条款的辅助，又是对 BGB 遗产分割条款的补充，充分发挥了 BGB 遗产分割条款在继承法和继承过程中承上启下的重要作用。《遗产分割注解》对 BGB 遗产分割条款的解析本身可以直接为我国大陆继承法和继承法遗产分割环节所借鉴。而且，在解析 BGB 遗产分割条款的过程中，《遗产分割注解》利用 BGB 法典汇编体系的优势，援引或类推应用 BGB 其他领域中相关条款，包括：债务关系法中关于合伙清算和合伙债务清偿的规定（第 731 条以下），关于共同关系尤其是共同关系解除、共同标的分割等的规定（第 741 条以下、第 749 条以下）；亲属法中关于配偶共同财产债务清偿、清偿后剩余财产分配的规定（第 1475 条以下）等。《遗产分割注解》援引或类推应用 BGB 其他相关条款，实际上也解析了 BGB 遗产分割条款的运用弹性与空间，有助于全面、综合把握这些条款的适用性、适用范围、适用前提。对这些被援引或类推应用的相关 BGB 条款本身，除阐释它们如何对遗产分割间接适用之外，援引或类推应用的方法亦可为我国大陆继承法、民法论著中的分析论证所借鉴。

5. 《遗产分割注解》对引用的法学观点、判例立场进行分析时，尽量兼顾正反两面或多个视角，通过客观、综合论证指出该法学观点、判例立场的局限，然后提出注解人自己的观点或结论。除援引或类推应用 BGB 其他领域中相关条款外，《遗产分割注解》在注解当中还大量引用《德国民事诉讼法》和其他专门法如《农庄继承法》、《破产法》、《家事程序及非讼事件程序法》、《农业法》、《企业改组法》、《住宅所有权法》、《强制拍卖法》当中的相关条款，从而扩大了 BGB 遗产分割条款及《遗产分割注解》的适用范围。此外，难能可贵的是，在对 BGB 遗产分割条款的注解中，注解人几乎就每一个法条在实际应用中涉及的重点、难点问题，都举出例子或做出提示性分析，并提出对问题的解决方案。尤其是鉴于遗产分割需份额化、量化的特点，注解人还就一些条款，例如第 2055 条、第 2056 条、第 2057a 条，给出数字化的计算举例，使人加深了对这些法条及其实用性的理解。

为便于读者阅读理解，译者在译著中增加了脚注内容，并在方括号"［］"中对个别语句做了理解辅助性补充。本译著顺利出版，首先应感谢中国政法大学出版社第一编辑室主任阚明旗以及编辑程传省、马旭、唐朝等人的支持。翻译《遗产分割注解》，对译者来说，绝非单纯借助语言转化来完成重复性表达，而是一个对遗产分割领域深入研习的过程，是一个精准理解相关概念、法理、上下文，反复揣摩内涵，推敲确切表达的过程，某些地方还是一个言明原著未言尽之意的过程。翻译《遗产分割注解》的过程中，针对本人就原著与涉及的法学问题，除著者埃贝尔-博格斯教授本人外，美因茨大学法学院研究员法学博士 Dr. iur. Emanuel Magnani 先生和 Dr. iur. Michael Zimmer 先生都抽出宝贵时间为本人详细讲解，同本人深入探讨，特此一并致谢。BGB 遗产法及其注解复杂缜密、博大精深，译者常感学力欠乏，能否传达其精髓之一二，有待读者评判。译文谬误疏漏之处，全系译者一人之咎。本人尊读者为良师益友，疏误欠缺之处，望不吝指教（本人电邮地址：wqlaufer@yahoo. com；wqlaufer@hotmail. com）。另外，本人计划系统译介一些 BGB 其他条款的注解及其他相关法学论著，读者对《遗产分割注解》译文的批评建议因此更显弥足珍贵。自《德国民法动物饲养人责任（§§ 833，834 BGB）施陶丁格注解：2012 年最新版施陶丁格德国民法典注解—侵权行为条款（§§ 830 ~ 838 BGB）之一部分》由译者翻译并付诸剞劂后，已收到我国大陆司法界、法学界一些回馈，并就动物饲养人责任在判决和理论中的一些问题进行了交流。通过此次出版《遗产分割注解》，译者、著者都期待和读者就中德继承法、遗产分割等方面的问题、差异有更多交流探讨。

王　强
2014 年 6 月 11 日
于北京谨识

缩略语表

AcP（Archiv für die civilistische Praxis）:《民法实务档案》

AGGVG（Gesetz zur Ausführung des Gerichtsverfassungsgesetzes und von Verfahrensgesetzen der ordentlichen Gerichtsbarkeit）:《法院组织法及普通审判程序法执行法》

AgrarR（Agrarrecht）:《农业法》[1]

AnfG（Gesetz über die Anfechtung von Rechtshandlungen eines Schuldners außerhalb des Insolvenzverfahrens）:《关于在破产程序外撤销债务人法律上行为法》

AUR（Arbeit und Recht）:《劳动与法律》

Bad-WürttAGBGB（Baden-Württembergisches Gesetz zur Ausführung des Bürgerlichen Gesetzbuchs）:《巴符州〈德国民法典〉施行法》

Bamberger/Roth/*Lohmann*:《德国民法典 Bamberger/Roth 注解》/注解人 *Lohmann*

BayAGBGB（Bayerisches Ausführungsgesetz zum Bürgerlichen Gesetzbuch）:《巴伐利亚州〈德国民法典〉施行法》

---

〔1〕 该杂志 2002 年停刊，从 2003 年起更名为《农业与环境法》，即 AUR（Agrar-und Umweltrecht）。

BayAGGVG（Bayerisches Gesetz zur Ausführung des Gerichtsverfassungsgesetzes und von Verfahrensgesetzen der ordentlichen Gerichtsbarkeit）：《巴伐利亚州法院组织法及普通审判程序法执行法》

BayObLG（Bayerische Oberste Landesgericht）：巴伐利亚州高级法院

BayObLGZ（Sammlung von Entscheidungen des Bayerischen Obersten Landesgerichts in Zivilsachen）：《巴伐利亚州高级法院民事判决集录》

BayZ（Zeitschrift für Rechtspflege in Bayern）：《巴伐利亚州司法辅助期刊》

BB（Betriebs-Berater）：面向企业及咨询业的法律、经济、税务领域专业期刊《企业顾问》

BeckRS（Beck-Rechtsprechung）：《在线版 Beck 判决集录》

BeurkG（Beurkundungsgesetz）：《公证证书编制法》

BewG（Bewertungsgesetz）：《德国资产评估法》

BFH（Bundesfinanzhof）：联邦财税法院

BGHZ（Entscheidungen des Bundesgerichtshofes in Zivilsachen）：《联邦普通法院民事判决》

BNotO（Bundesnotarordnung）：《联邦公证员法》

BT-Drucks（Bundestags-Drucksache）：《联邦议院出版物》

BVerfGE（Entscheidungen des Bundesverfassungsgerichts）：《联邦宪法法院判决》

BWNotZ（Zeitschrift für das Notariat in Baden-Württemberg）：《巴符州公证处期刊》

DB（Der Betrieb）：企业经济、税法、经济法、劳动法期刊《企业》

DNotZ（Deutsche Notar-Zeitschrift）：德国联邦公证员协会公告页《德国公证员期刊》

DR（Deutsches Recht）：《德国法律》

DRiZ（Deutsche Richterzeitung）：《德国法官报》

DStR（Deutsches Steuerrecht）：周刊《德国税法》

EGBGB（Einführungsgesetz zum Bürgerlichen Gesetzbuch）：《〈德国民法典〉施行法》

ErbR（Zeitschrift für die gesamte erbrechtliche Praxis）：《继承法实务大全期刊》

Erman/*Schlüter*：《德国民法典 Erman 注解》/注解人 *Schlüter*

FamFG（Gesetz über das Verfahren in Familiensachen und in den Angelegenheiten der freiwilligen Gerichtsbarkeit）：《家事程序及非讼事件程序法》

FamRZ（Zeitschrift für das gesamte Familienrecht）：《亲属法综合期刊》

FGG（Gesetz über die Angelegenheiten der freiwilligen Gerichtsbarkeit）：《非讼事件法》

FS（Festschrift）：《纪念文集》

FS Damrau（Festschrift für Damrau）：《Damrau 纪念文集》

FS R. Lange（Festschrift für R. Lange）：《R. Lange 纪念文集》

FuR（Familie und Recht）：专业律师及亲属法庭期刊《家与法》

GG（Grundgesetz der Bundesrepublik Deutschland）：《德意志联邦共和国基本法》

GleichberG（Gleichberechtigungsgesetz）：《德国男女平权法》

GrdstVG（Grundstückverkehrsgesetz）/（Gesetz über Maßnahmenb zur Verbesserung der Agrarstruktur und zur Sicherung land-und forstwirtschaftlicher Betriebe)：《土地流通法》/《改善农业结构及农业、林业企业保障法》

GS（Gesetzessammlung）：法规汇编

GVG（Gerichtsverfassungsgesetz）：《法院组织法》

Hereditare（Hereditare–Jahrbuch für Erbrecht und Schenkungsrecht）：《继承——继承法及赠与法年刊》

HessAGBGB（Hessisches Ausführungsgesetz zum Bürgerlichen Gesetzbuch）：《黑森州〈德国民法典〉施行法》

HessFGG（Hessisches Gesetz über die Angelegenheiten der freiwilligen Gerichtsbarkeit）：《黑森州非讼事件法》

HöfeO（Höfeordnung）：《农庄继承法》

HRR（Höchstrichterliche Rechtsprechung）：《最高法官判决》

InSO（Insolvenzordnung）：《破产法》

JA（Juristische Arbeitsblätter）：《法学工作报》

JR（Juristische Rundschau）：《法学观察》

jurisPK–BGB（juris PraxisKommentar BGB）：《德国民法典司法实践注解》

jurisPK–BGB/*Schäfer*：《德国民法典 jurisPK 注解》/注解人 *Schäfer*

jurisPK–BGB/*Schütte*：《德国民法典 jurisPK 注解》/注解人 *Schütte*

JuS（Juristische Schulung）：《法学教育》

JZ（Juristenzeitung）：《法学家报》

KG（Kammergericht）：柏林地方高级法院

KostO/Kostenordnung（Gesetz über die Kosten in Angelegenheiten der freiwilligen Gerichtsbarkeit）：《非讼事件费用法》

LM（Lindenmaier–Möhring, Nachschlagewerk des Bundesgerichtshofs)：《LM 联邦普通法院判决注解》，由 Lindenmaier/Möhring 编写

LZ（Leipziger Zeitschrift für Deutsches Recht）：《莱比锡德国法期刊》

MAH Erbrecht（Münchener Anwaltshandbuch Erbrecht）：《慕尼黑律师手册——继承法》

MAH Erbrecht（Scherer/*Erker*/*Oppelt*）：《慕尼黑律师手册——继承法》，Scherer 编，*Erker* 与 *Oppelt* 撰写。

MDR（Monatsschrift für Deutsches Recht）：《德国法律月刊》

MittBayNot（Mitteilungen des Bayerischen Notarvereins）：《巴伐利亚州公证员协会通告》

MittRhNotK（Mitteilungen der Rheinischen Notarkammer）：《莱茵河地区律师协会通告》

Motive（Motive zu dem Entwurfe eines bürgerlichen Gesetzbuches für das Deutsche Reich）：《德意志帝国民法典草案起草缘由》，1888 年官方版，1 至 5 卷。

Müko（Münchener Kommentar zum Bürgerlichen Gesetzbuch）：《德国民法典慕尼黑注解》

MüKo/*Ann*：《德国民法典慕尼黑注解》/注解人 *Ann*

MüKo/*Gergen*：《德国民法典慕尼黑注解》/注解人 *Gergen*

MüKo/*Würdinger*：《德国民法典慕尼黑注解》/注解人 *Würdinger*

MüKo/*Zimmermann*：《德国民法典慕尼黑注解》/注解人 *Zimmermann*

NdsFGG（Niedersächsisches Gesetz über die Angelegenheiten der freiwilligen Gerichtsbarkeit）：《下萨克森州非讼事件法》

NdsRpfl（Niedersächsische Rechtspflege）：《下萨克森州司法

辅助》

NEhelG（Gesetz über die rechtliche Stellung der nichtehelichen Kinder）：《非婚生子女法律地位法》

NJOZ（Neue Juristische Online-Zeitschrift）：《新法学在线期刊》

NJW（Neue Juristische Wochenschrift）：《新法学周刊》

NJW-RR（NJW Rechtsprechungsreport Zivilrecht）：《新法学周刊——民事判决报告》

NotAufgübG（Gesetz zur übertragung von Aufgaben im Bereich der freiwilligen Gerichtsbarkeit auf Notare）：《非讼领域业务移交公证员法》

OLGE（= OLGRspr；Die Rechtsprechung der Oberlandesgerichte auf dem Gebiete des Zivilrechts）：《地方高级法院在民法领域的判决》，Mugdan 及 Falkmann 主编

OLG-Report：法兰克福地方高级法院《地方高级法院报告》，http：//www. juris. de/jportal/nav/produktdetails/olg - report + online - ausgabe？ id = produktdetails_ 16385. jsp

OLGZ（Entscheidungen der Oberlandesgerichte in Zivilsachen）：《地方高级法院民事判决》

Palandt/ *Weidlich*：《德国民法典 Palandt 注解》/注解人 *Weidlich*

PrAGBGB（Preußisches Ausführungsgesetz zum Bürgerlichen Gesetzbuch）：《普鲁士〈德国民法典〉施行法》

RdL（Recht der Landwirtschaft）：《农业法》

Recht：《法律》

RGRK（Reichsgerichtsräte-Kommentar zum BGB）：《帝国法院法官 BGB 注解》

RGRK/*Kregel*：《帝国法院法官 BGB 注解》/注解人 *Kregel*

RGZ（Entscheidungen des Reichsgerichts in Zivilsachen）：《帝国法院民事判决》

RhPfAGBGB（Rheinland–Pfälzisches Gesetz zur Ausführung des Bürgerlichen Gesetzbuchs）：《莱法州〈德国民法典〉施行法》

Rnotz（Rheinische Notar–Zeitschrift）：《莱茵河地区公证员期刊》

Rpfleger（Der Deutsche Rechtspfleger）：物权法、土地登记册法、亲属法及继承法等领域的专业期刊《德国的司法辅助员》

RPflG（Rechtspflegergesetz）：《司法辅助员法》

SächsArchiv（Sächsisches Archiv für Rechtspflege）：（1906 年～1923 年）《萨克森自由州司法档案》

Soergel/*Damrau*：《德国民法典 Soergel 注解》/注解人 *Damrau*

Soergel/*Wolf*：《德国民法典 Soergel 注解》/注解人 *Wolf*

Staudinger/*Reimann*：《德国民法典 Staudinger 注解》/注解人 *Reimann*

Staudinger/*Werner*：《德国民法典 Staudinger 注解》/注解人 *Werner*

Thomas/Putzo/*Hüßtege*：《德国民事诉讼法 Thomas/Putzo 注解》/注解人 *Hüßtege*

UmwG（Umwandlungsgesetz）：《企业改组法》

WarnRspr（Die Rechtsprechung des Reichsgerichts auf dem Gebiete des Zivilrechts，soweit sie nicht in der amtlichen Sammlung der Entscheidungen des Reichsgerichts abgedruckt ist，hrsg von Warneyer）：《由 Warneyer 编写未在帝国法院判决官方集录中刊行的帝国法院民事判决》

WEG（Wohnungseigentumsgesetz）:《住宅所有权法》

WM（Wertpapier-Mitteilungen-Zeitschrift für Wirtschafts-und Bankrecht）:《有价证券通告——经济法、银行法期刊》

ZErb（Zeitschrift für die Steuer-und Erbrechtspraxis）:《税法与继承法实务期刊》

ZEV（Zeitschrift für Erbrecht und Vermögensnachfolge）:《继承法与财产继承期刊》

ZFE（Zeitschrift für Familien-und Erbrecht）:《亲属法与继承法期刊》

ZPO（Zivilprozessordnung）:《德国民事诉讼法》

ZVG（Zwangsversteigerungsgesetz）:《强制拍卖法》/《强制拍卖与强制管理法》

段落边号索引

第二章　德国民法典第 2042 条 遗产分割
BGB 第 2042 条法条条文

第三章　德国民法典第 2043 条 遗产分割的延缓
BGB 第 2043 条法条条文

第四章　德国民法典第 2044 条 遗产分割的排除
BGB 第 2044 条法条条文

第五章　德国民法典第 2045 条 遗产分割的延缓
BGB 第 2045 条法条条文

第六章　德国民法典第 2046 条 遗产债务的清偿
BGB 第 2046 条法条条文

第七章　德国民法典第 2047 条 剩余的分配
BGB 第 2047 条法条条文

第八章　德国民法典第 2048 条 被继承人的分割指示
BGB 第 2048 条法条条文

第十六章　德国民法典第 2056 条 多受领的标的
BGB 第 2056 条法条条文

第十七章　德国民法典第 2057 条 答复询问义务
BGB 第 2057 条法条条文

第十八章　德国民法典第 2057a 条 对一位晚辈直系血亲
特殊给付的均衡义务
BGB 第 2057a 条法条条文

目 录

第一章　德国民法典
第 2042～2057a 条总论

参考文献

Ann：《继承人共同关系[1]》，2001 年版，第 271 页～306 页；

Bracker："遗产分割的官方调解"，载《巴伐利亚州公证员协会通报》（*MittBayNot*）1984 年版，第 114 页；

Bühler："共同继承人能否不拘格式退出共同继承关系?"，载《巴符州公证处期刊》（BWNotZ）1987 年版，第 73 页；

Damrau："共同继承人放弃应继份而退出共同继承关系"[2]，载《继承法与财产继承期刊》（ZEV）1996 年版，第 361 页；

---

〔1〕　译者注："Erbengemeinschaft"（继承人共同关系）亦可译为"共同继承关系"或"共同继承"或"继承人共同体"。关于将"Erbengemeinschaft"译为"继承人共同关系"的译法，参见陈卫佐译注：《德国民法典》，法律出版社 2010 年版，第 572 页；关于为何将"Gemeinschaft"译为"共同关系"而未译成"共有（Miteigentum）"以及德国民法所有权中的概念 Miteigentum（共有），参见陈卫佐译注：《德国民法典》，法律出版社 2010 年版，第 287 页，包括相应的注解。

〔2〕　译者注："Abschichtung"（共同继承人放弃应继份而退出共同继承关系）是一个很难译的概念。一方面因为其在德国民法上的界定本身就颇有争议，其含义实际为"经共同继承人放弃应继份/继承额退出共同继承关系而实现部分遗产分割"。"Abschichtung"和"Ausscheiden eines Miterben durch Erbteilsübertragung"（经一

Eberl–Borges：《遗产分割[1]》，2000 年版；

———————————

位共同继承人将应继份移转给其他共同继承人而退出共同继承关系）同为"Aus-scheiden eines Miterben"（共同继承人退出共同继承关系）的下位概念。在"Abschich-tung"当中，放弃应继份/继承份额可以是无偿也可以是有偿的，但多为有偿的。如果是有偿的，其他共同继承人对退出继承人的补偿额在个别情形下可以低于其应继份/继承份额，但一般都相当于其应继份/继承份额。放弃时补偿额的大小由退出继承人和其他共同继承人协商而定。另一方面，"Abschichtung"和"Ausscheiden eines Miterben durch Erbteilsübertragung"如果实质上都是退出共同继承关系的共同继承人得到其他共同继承人的补偿，那么"Abschichtung"中退出继承人放弃应继份与"Ausscheiden eines Miterben durch Erbteilsübertragung"中退出继承人将应继份移转于仍然存续的继承人共同体，就没有本质区别了。德国民法学界有学者认为应该取消二者之间的区别，也有的认为二者区别在于："Abschichtung"属于非要式行为，而"Ausscheiden eines Miterben durch Erbteilsübertragung"属于须遵循一定格式，包括须经公证的法律行为，即要式行为。共同继承人选择"Abschichtung"的原因很可能是为了避免或省去遗产分割时的争执之烦。上海译文出版社 1999 年出版的《新德汉词典》，在第 14 页中仅将"Abschichtung［abschichten］"解释为"分割出部分遗产"。而这一概念的关键是共同继承人放弃应继份（并得到补偿）而退出共同继承关系。在澄清上述一系列概念的过程中，《遗产分割注解》的著者埃贝尔-博格斯教授，美因茨大学法学院研究员法学博士 Emanuel Magnani 和 Michael Zimmer 都向译者做了讲解。

　　〔1〕　译者注："Erbauseinandersetzung"的中文译法"遗产分割"实际是对该德文概念的一个权宜叫法，是一个叫起来简单，但内涵却复杂得多的概念。之所以叫起来简单，是因为一般都将其理解为通常意义上或者狭义上的遗产分割，即分别按法定分割完成的（多为等份）分割或者按被继承人指示完成的分割。其结果是每位共同继承人（可能在应继份被均衡或完成均衡义务后）得到相应的遗产份额。这一分割概念实际上仅对应德文继承分割中的"Teilung"。这一概念主要从遗产标的分割的角度，而且多从遗产标的分割的结果，而未从共同继承人相互之间以及共同继承人与被继承人关系的角度出发。如果把通常意义上的"Teilung"看做分割的结果/目标或最终结果/目标，则"Erbauseinandersetzung"除包括"Teilung"之外，还包括所谓阶段性分割结果/目标，或者说分割的过程。"Erbauseinandersetzung"的阶段性分割结果/目标，简单说来包含两层含义：一层是将继承人共同财产作为遗产标的的分割；另一层是继承人共同关系或者共同继承人与继承人共同关系的分割。二者不一定同时发生：前者，即遗产标的的分割，可以是遗产标的的部分分割，即一项遗产标的或遗产的一部分被分割，而继承人共同关系就其余的遗产标的或遗产其余部分仍然完全存续；前者也可以是遗产标的的完全分割，即类似于原物分割（参见 BGB § 752 ff.），而继承人共同关系自然随着遗产标的的完全分割而解除。后者，即继承人共同关系的分割，可以是（继承）人的部分分割，即个别共同继承人退出共同继

Eberl-Borges："改革遗产分割法的意见"，载《税法与继承法实务期刊》（ZErb）2010 年版，第 255 页；

Eberl-Borges："论通过共同继承人不拘格式退出共同继承关系而进行遗产分割"，载《莱茵河地区律师协会通告》（MittRh-NotK）1998 年版，第 242 页；

Eberl-Borges："阻碍遗产分割的共同继承人"，载《继承法实务大全期刊》（ErbR）2008 年版，第 234 页；

Eberl-Borges："共同继承关系中的阻碍遗产分割策略"，载《继承》（Hereditare）2012 年版，第 1 页；

Exner：《德国法与法国法中继承人共同关系的分割》，波恩

承关系（Ausscheiden eines Miterben aus der Erbgemeinschaft）；又可以是（继承）人的完全分割，即所有共同继承人都将其应继份转移，直至都转移给一位共同继承人为止（参见本注解下文段落边号 7~8 及相应脚注）。人的部分分割中，如果共同继承人退出共同继承关系的情况属于放弃遗产份额（Abschichtung），而且是无偿放弃，则实质上并未发生遗产标的的分割。如果退出继承人得到补偿，则无论共同继承人放弃应继份而退出共同继承关系（Abschichtung），还是经一位共同继承人将应继份移转给其他共同继承人而退出共同继承关系（Ausscheiden eines Miterben durch Erbteilsübertragung），都属于通过对退出继承人补偿才使遗产标的保持未动。理解"Erbauseinandersetzung"的含义，因此须综合考虑遗产标的分割的份额比例、继承人共同关系、共同继承人和被继承人的关系等层面：一方面要考虑共同继承人获得的遗产份额和获得遗产份额的过程，另一方面要考虑共同继承人之间、共同继承人与被继承人之间的关系（包括相互之间的均衡义务/均衡请求权等），还有一方面要整体考虑共同继承关系的存续。总而言之，"Erbauseinandersetzung"从阶段性或过程性的分割结果/分割目标而言，可以分为标的部分分割和人的部分分割，它们二者又分别对应标的的完全分割和人的完全分割。人的部分分割又可以分为"Abschichtung"（共同继承人放弃应继份而退出共同继承关系）和"Ausscheiden eines Miterben durch Erbteilsübertragung"（经一位共同继承人将应继份移转给其他共同继承人而退出共同继承关系）。"Erbauseinandersetzung"从分割的最终结果/目标而言，对应"Teilung"，即可以是但不一定必须是每一位共同继承人得到相应的遗产份额（也可以每位共同继承人直接得到一件或几件遗产标的）。根据 Köbler, Juristisches Wörterbuch, 14. Aufl., 2007, S. 35, 可以索性将遗产分割定义为：在财产法中将继承人共同体的财产全部或部分分解的过程。

大学 1994 年博士论文；

Gockel："遗产分割诉讼——一个不受欢迎的话题"，载 ErbR 2013 年版，第 341 页；

Gottwald："共同继承关系的分割——概述"，载 ErbR 2007 年版，第 11 页；

Haegele："遗产买卖及应继份移转的法律问题"，载 BWNotZ 1971 年版，第 129 页；

Ihrig："经公证员进行的遗产分割调解"，载 MittBayNot 2012 年版，第 353 页；

Keim："遗产分割及继承份额的移转"，载《莱茵河地区公证员期刊》（RNotZ）2003 年版，第 375 页；

Keller：《应继份出让的形式问题》，1995 年版；

Keller："对共同继承人'放弃应继份'而退出共同继承关系之探讨"，载 ZEV 1998 年版，第 281 页；

Krause："遗产分割合同"，载《亲属法与继承法期刊》（ZFE）2007 年版，第 182 页；

Krenz："共同继承关系的分割——从法理、法学比较及法律政策角度研究"，载《民法实务档案》（AcP）1995 年版，第 195 卷，第 361 页；

Maidl："遗产部分分割的问题"，载 MittBayNot 1960 年版，第 53 页；

Mayer："分割打破公同共有——遗产分割的实际案例"，载 MittBayNot 2010 年版，第 345 页；

Mayer："法院的分割程序"，载《德国的司法辅助员》（Rpfleger）2011 年版，第 245 页；

Petzold：《共同继承关系中的遗产部分分割》，汉堡大学 1973 年博士论文；

Pöting："通过公证员制定合同实现的遗产分割"，载 Mitt-BayNot 2007 年版，第 273 页，第 376 页；

Reimann："通过共同继承人放弃应继份退出共同继承关系而实现的遗产分割"，载 ZEV 1998 年版，第 213 页；

Reimann："陷入僵持的遗产分割"，载 ZEV 2009 年版，第 120 页；

Sarres："《德国民法典》的共同继承关系及分割方案"，载 ZEV 1999 年版，第 377 页；

Sarres："亲属法以及继承人诉讼——对遗产分割的新法院判决"，载《家与法》（FuR）2008 年版，第 276 页；

Schiffer："继承法中法律行为的形成：终意表示中诉诸仲裁法庭的条款[1]——可能性与提示"，载《企业顾问》（BB）副刊 1995 年版第 5 期；

Schiffer："继承法中法律行为的形成：仲裁审判的可能性"，载《关于公司法及继承法事件的仲裁审判权》，Böckstiegel 编著，1996 年版，第 65 页；

Steiner："遗产分割诉讼实务"，载 ZEV 1997 年版，第 89 页；

Storz："共同继承人协议及其对执行遗产分割的影响"，载 ZEV 2011 年版，第 18 页；

van Venrooy："共同继承人放弃应继份而退出共同继承关系——律师咨询实践注解"，载《德国公证员期刊》（DNotZ）2012 年版，第 119 页；

Zimmermann："经遗产法庭进行的遗产分割调解"，载 ZEV 2009 年版，第 374 页。

---

　　[1]　译者注：即该条款规定，在需诉诸法庭解决争议时，诉诸仲裁法庭而非普通法庭，包括遗产法庭等。

一、概述

1 　　共同继承关系和任何由人组成的联合体一样，如果**终止**，也要求有一定规则。这些规则由《德国民法典》（以下简称BGB）在关于遗产分割的第2042~2057a条中订立。和一般公同共同关系一样，它们主要针对现有债务的清偿（BGB第2046条、第733条、第1475条)[1]，且清偿债务时可能财产必须变换为金钱（BGB第2046条第3款、第733条第3款、第1475条第3款），以及针对［清偿遗产债务后的][2]剩余财产在公同共同关系（BGB第2047条第1款、第734条、第1476条)[3]成员当中按照按份共同关系法的分配条款（BGB第2042条第2款、第731条第2句话、第1477条第1款)[4]进行分配。

2 　　BGB第2042条以下的其余条款针对共同继承关系分割中的特殊情况。法律一般不规定分割的理由，每位共同继承人根据BGB第2042条第1款，原则上都随时可以要求分割遗产。BGB第2043~2045条规定不允许遗产分割或分割必须推迟的情况。第2042条第2款指出为终止按份共同关系须参照的终止请求权条款。BGB第2047条第2款排除对［涉及被继承人个人状况、家庭或全部遗产的］特定文书进行分割。BGB第2048条以下条款规定被继承人的分割指示，最后第2050~2057a条则规定了晚

---

〔1〕　译者注：BGB第2046条标题为"遗产债务的清偿"；第733条标题为"合伙债务的清偿；出资的退还"；第1475条标题为"共同财产债务的清偿"。

〔2〕　译者注：本译文方括号［......］中的内容系译者为便于理解上下文所补充的内容。

〔3〕　译者注：BGB第2047条标题为"剩余的分配"；第734条标题为"结余的分配"；第1476条标题为"剩余财产的分配"。

〔4〕　译者注：BGB第2042条标题为"遗产分割"；第731条标题为"清算时的程序"；第1477条标题为"分配的实行"。

辈直系血亲之间的均衡义务，并且这些条款也可用于计算特留份请求权（见 BGB 第 2315 条以下条款）。

一般观点[1]认为共同继承关系是随清算产生的**清算公同关系**，因为该共同关系——正如 BGB 第 2042 条第 1 款第 1 句话所体现的——不是长期，而是针对遗产分割形成的。对这一观点应予驳斥[2]：共同继承关系作为法律事实往往持续很长时间。[3]持续时间的长短也可以预先通过法条加以保证，即法条中规定被继承人或共同继承人排除遗产分割（BGB 第 2044 条、第 2042 条第 2 款及第 749 条第 2 款、第 750 条、第 751 条、第 2038 条第 2 款第 3 句话）[4]。共同继承关系可完成与人合公司同样的功能，其行为范畴依遗产内容而定。遗产中如果包括有公司，公司可继续由继承人共同管理，且管理时间不限，但共同继承关系不能转化为无限公司。[5]

遗产分割过程中一般要区分两个步骤：首先要确定共同继承关系如何分割，且已确定的分割方式一般都要体现在一个**遗产分割方案**中；接着要对该方案予以实行。但遗产的分割方式也可以直接以 BGB 中的遗产分割条款为准，无须共同继承人制定自

3

4

---

〔1〕　参见《联邦普通法院民事判决》第 17 卷，第 299 页、第 302 页；Erman/*Schlüter*（《德国民法典 Erman 注解》/注解人 *Schlüter*）对 BGB 第 2042 条的注解，段落边号 1；Staudinger/*Werner*（《德国民法典 Staudinger 注解》/注解人 *Werner*）对 BGB 第 2042 条的注解，段落边号 29；Soergel/*Wolf*（《德国民法典 Soergel 注解》/注解人 *Wolf*）对 BGB 第 2042 条的注解，段落边号 1。

〔2〕　详见 *Eberl-Borges*［著］，第 36～38 页，第 53 页以下。

〔3〕　参见《联邦普通法院民事判决》第 17 卷，第 299 页——该判例中，共同继承关系持续 17 年。

〔4〕　译者注：BGB 第 2044 条标题为"遗产分割的排除"；第 749 条标题为"终止请求权"；第 750 条标题为"死亡情形下终止的排除"；第 751 条标题为"终止的排除与特定继受人"；第 2038 条标题为"遗产的共同管理"。

〔5〕　通行的观点。参见《联邦普通法院民事判决》第 92 卷，第 259 页、第 264 页以下。

己的分割方案。该方案直接从 BGB 中形成。

5　　　遗产分割方案针对的是共同继承人的**内部关系**，属债权范畴。因此，共同继承人所达成一致的遗产分割方案使他们享有权利，承担义务。实行遗产分割方案的法律行为总是涉及共同继承人的**对外关系**，无论是因其和第三方订立了债权合同，还是因该法律行为属物权范畴。如果遗产分割方案中某件遗产物分给一位共同继承人，并且接着［从物权上］转让给该继承人，则遗产分割方案为该转让行为的**依据**，无须另行成立债务关系。如果此遗产物不按遗产分割方案让与[1]，则需要买卖合同及转让行为。遗产分割方案不是对第三方进行［物权］转让的**起因**，因为该方案不涉及与第三方的关系。[2]

6　　　完成遗产分割方案，需要处分行为，并且必须遵守所约立的不同前提条件，例如遵守给予应受让遗产土地的某共同继承人的转移土地所有权的合意。移转遗产标的，根据 BGB 第2040条需要全体共同继承人共同参与。如果共同继承人的共同财产不复存在，共同继承关系即行解散。解散之后，就不允许通过合同设立共同关系了。[3]

二、遗产部分分割

7　　　共同继承人不一定通过一次分割行为彻底完成遗产分割，他们也可以进行遗产部分分割。遗产部分分割可以是多种多样

---

　　[1]　译者注：从字面上 "frei veräußert werden"（不按遗产分割方案让与）可译为 "自由让与"。

　　[2]　见 *Eberl－Borges*［著］，第58～60页。

　　[3]　参见杜塞尔多夫地方高级法院判决，载 Rpfleger 1952 年版，第 243 页、第 244 页；科隆地方高级法院判决，载《地方高级法院民事判决》1965 年，第 117 页、第 118 页；Soergel/*Wolf* 对 BGB 第 2042 条的注解，段落边号 36。

的。[1][遗产]**标的的部分分割**仅针对遗产的一部分：仅遗产标的一部分被分割，共同继承关系就剩余遗产仍然存续。[2][共同继承]**人的部分分割**[3]中，个别共同继承人退出共同继承关系，其余共同继承人则继续维持共同继承关系。[4]混合关系模式，例如，就某个遗产标的仅一部分共同继承人维持共同继承关系，而就其他遗产标的共同继承关系在所有共同继承人之间存续是不可能的，[5]而一个遗产标的仅可以按份（BGB 第 741 条[6]以下）分给多位共同继承人[7]或者这些共同继承人成立一个合伙，遗产标的再转移给该合伙。[8]

---

　　[1]　针对此点，尤其就存在问题的估值基准日，参见 *Reimann*，载 ZEV 2009 年版，第 120 页、第 121 页以下。

　　[2]　参见联邦普通法院判决，载《有价证券通告——经济法、银行法期刊》（WM）1975 年版，第 1110 页；柏林地方高级法院判决，载《地方高级法院民事判决》1965 年，第 244 页、第 246 页以下；科隆地方高级法院判决，载《地方高级法院民事判决》1965 年，第 117 页、第 118 页；诺伊施塔特地方高级法院判决，载 DNotZ 1965 年版，第 489 页、第 490 页；*Petzold*［著］，第 9 页；Staudinger/*Werner* 对 BGB 第 2042 条的注解，段落边号 30；Soergel/*Wolf* 对 BGB 第 2042 条的注解，段落边号 37；标的部分分割模本见 *Eckert/Kroiß*：《继承法》，2012 年第 2 版，第 212～215 页。

　　[3]　译者注：直译的"人的部分分割"（persönliche Teilauseinandersetzung）实际指"关于继承人作为共同继承人身份的部分分割"。

　　[4]　参见联邦普通法院判决，载《亲属法综合期刊》（FamRZ）1984 年版，第 688 页、第 689 页；联邦普通法院判决，载 WM 1975 年版，第 1110 页；柏林地方高级法院判决，载《地方高级法院民事判决》1965 年，第 244 页、第 247 页；Staudinger/*Werner* 对 BGB 第 2042 条的注解，段落边号 30；Soergel/*Wolf* 对 BGB 第 2042 条的注解，段落边号 37。

　　[5]　参见联邦普通法院判决，载 WM 1975 年版，第 1110 页；柏林地方高级法院判决，载《地方高级法院民事判决》1965 年，第 244 页、第 247 页；Soergel/*Wolf* 对 BGB 第 2042 条的注解，段落边号 38。

　　[6]　译者注：BGB 第 741 条标题为"按份共同关系"。

　　[7]　参见柏林地方高级法院判决，载《德国法官报》（DRiZ）第 19 期（1927 年版），195 号判决第 75 列。

　　[8]　参见联邦普通法院判决，载 WM 1975 年版，第 1110 页。

8　　　　人的部分分割通过一位共同继承人将其应继份移转给其余共同继承人并因此得到补偿金而实现。应继份移转以 BGB 第2033 条〔1〕第 1 款为依据，因此需做成公证证书（BGB 第 2033条第 1 款第 2 句话）。〔2〕根据 BGB 第 2371 条、第 1922 条第 2款、第 2385 条第 1 款，〔3〕共同继承人约定的前述人的部分分割所依据的债权基础法律行为也需要公证证书形式。〔4〕根据通行的观点，所移转的应继份按其他共同继承人应继份的比例归属于他们，〔5〕即留在共同应继承关系中的共同继承人继续拥有各自的应继份，只是应继份扩大而已。补偿金可以从遗产中〔6〕或者从一位或所有其余共同继承人的私有财产〔7〕中支付。也可以

---

〔1〕　译者注：BGB 第 2033 条标题为"共同继承人的处分权"。

〔2〕　参见联邦普通法院判决，载《新法学周刊》（NJW）1998 年版，第 1557页；*Eberl－Borges*〔著〕，第 258～261 页、第 286 页；*Soergel/Wolf* 对 BGB 第 2042 条的注解，段落边号 39；不同观点见策勒地方高级法院判决，载 DNotZ 1951 年版，第365 页，判决涉及完全分割：所有共同继承人都将其应继份转移，直至转移给一位共同继承人为止。

〔3〕　译者注：BGB 第 2371 条标题为"［遗产买卖合同的］形式"；第 1922 条标题为"总的权利继受"；第 2385 条标题为"［关于遗产买卖的规定］适用类似的合同"。

〔4〕　详见 *Eberl－Borges*〔著〕，第 253～258 页。

〔5〕　参见巴伐利亚州高级法院判决，载《巴伐利亚州高级法院民事判决集录》1980 年版，第 328 页、第 330 页；*Damrau*，载 ZEV 1996 年版，第 361 页、第 362 页；*Eberl－Borges*〔著〕，第 287～291 页（进一步例证见第 287 页脚注 347）；*MüKo/Gergen*（《德国民法典慕尼黑注解》/注解人 *Gergen*）对 BGB 第 2033 条的注解，段落边号26；*Soergel/Wolf* 对 BGB 第 2042 条的注解，段落边号 39；不同观点（留在共同继承关系中的共同继承人对于退出该关系的共同继承人应继份的按份共同关系）见 *Haegele*，载 Rpfleger 1968 年版，第 173 页、第 174 页、第 178 页；*Haegele*，载 BWNotZ1971 年版，第 129 页、第 137 页。

〔6〕　参见 *Damrau*，载 ZEV 1996 年版，第 361 页；*Petzold*〔著〕，第 23 页。

〔7〕　参见 *Maidl*，载 MittBayNot 1960 年版，第 53 页、第 55 页；不同观点见*Petzold*〔著〕，第 27 页。

仅仅将应继份的一部分移转给其他共同继承人。[1]

除上述情况外，共同继承人也可以不通过移转应继份而退出共同继承关系，[2]这种情况即所谓放弃应继份而退出共同继承关系。联邦普通法院认为，此种部分分割不需要有固定格式，[3]因为 BGB 第 2033 条第 1 款第 2 句话及第 2371 条的保护目的在

9

---

〔1〕 参见 *Damrau*，载 ZEV 1996 年版，第 361 页、第 362 页；*Eberl-Borges*〔著〕，第 286 页脚注 341。

〔2〕 参见《联邦普通法院民事判决》第 138 卷，第 8 页、第 11 页；联邦普通法院判决，载 ZEV 2005 年版，第 22 页；联邦普通法院判决，载 ZEV 2011 年版，第 38 页、第 40 页；联邦财税法院综合庭（该庭由各个专业领域的法官组成）判决，载《企业》(DB) 1900 年版，第 2144 页、第 2147 页；乌尔姆地方法院判决，载 BWNotZ 1985 年版，第 141 页、第 143 页；*Böhringer*，载 BWNotZ 2006 年版，第 118 页、120 页以下；*Eberl-Borges*〔著〕，第 269～280 页；*Jünemann*，载 ZEV 2012 年版，第 65 页；*Lange/Kuchinke*〔著〕，第 1145 页；*Soergel/Wolf* 对 BGB 第 2042 条的注解，段落边号 39；不同观点见 *Bühler*，载 BWNotZ 1987 年版，第 73 页、第 75 页；*Kanzleiter*，载 ZEV 2012 年版，第 447 页、第 448 页以下；*Keller*〔著〕，段落边号 82；*Keller*，载 ZEV 1998 年版，第 281 页、第 282 页；*Maidl*，载 MittBayNot 1960 年版，第 53 页、第 57 页；*Muscheler*：《继承法》第二卷，2010 年版，段落边号 3995；*K. Schmidt*，载 AcP 第 205 卷（2005 年版），第 305 页、第 333 页以下；共同继承人退出共同继承关系仅从债权上退出的观点，见 *Damrau*，载 ZEV 1996 年版，第 361 页、第 367 页。执行退出共同继承关系约定后，继承人地位不受影响，继承证书也并不因此而变得错误，见勃兰登堡地方高级法院 2013 年 5 月 14 日 3 W 20/13 号判决；*Bredemeyer/Tews*，载 ZEV 2012 年版，第 352 页、第 354 页；不同观点见 *Jünemann*，载 ZEV 2012 年版，第 65 页、第 67 页以下。

〔3〕 参见《联邦普通法院民事判决》第 138 卷，第 8 页、第 11 页；相同观点见罗斯托克地方高级法院判决，载 ZEV 2009 年版，第 464 页；茨魏布吕肯地方高级法院判决，载 ZEV 2012 年版，第 264 页，包括 *Böhringer* 的补充评注；Fest，载《法学教育》(JuS)，2007 年版，第 1081 页、第 1082 页以下；*Jünemann*，载 ZEV 2012 年版，第 65 页、第 66 页；*Lange/Kuchinke*〔著〕，第 1145 页以下；*Soergel/Wolf* 对 BGB 第 2042 条的注解，段落边号 39。

该情况下不适用。对该观点应予以驳斥：[1] BGB 第 2371 条结合第 1922 条第 2 款、第 2385 条第 1 款，旨在防止应继份让与过于仓促。共同继承人不经移转应继份而退出共同继承关系时，其应继份虽然没有让与，但其共同继承体成员的身份将被取消。该共同继承人同样须受到保护，以不使其继承人共同体成员身份仓促取消，因此前述条款可类推适用。[2] BGB 第 2033 条第 1 款不仅涉及应继份的移转，而且还涉及所有其他处分，包括取消继承人共同体成员身份[3]。BGB 第 2033 条第 1 款第 2 句话旨在澄清应继份持有人即继承人共同体成员的身份，该目的也适用不通过移转应继份而退出共同继承关系。限制性解释没有必要。

---

〔1〕 参见 *Ann* ［著］，第 281 页；*MüKo/Ann*（《德国民法典慕尼黑注解》/注解人 *Ann*）对 BGB 第 2042 条的注解，段落边号 14；*Ann*，载 Hausmann/Hohloch 编著：《继承法手册》，2010 年第 2 版，第 20 章段落边号 219；*Bredemeyer/Tews*，载 ZEV 2012 年版，第 352 页、第 353 页；*Damrau*，载 Rißmann 编著：《继承人共同关系》，2009 年版，§11 段落边号 68；*Eberl-Borges*［著］，第 276～278 页；*Eberl-Borges*，载 MittRhNotK 1998 年版，第 242 页、第 243 页；*Hagmaier*：《通过共同继承人退出共同继承关系进行的遗产分割》，2006 年版，第 87 页；*Harder/Kroppenberg*［著］，段落边号 619；*Kanzleiter*，载 ZEV 2012 年版，第 447 页、第 449 页；*Keim*，载 RnotZ 2003 年版，第 375 页、第 386 页；*Keller*，载 ZEV 1998 年版，第 281 页、第 282 页、第 283 页以下；*Reimann*，载 ZEV 1998 年版，第 213 页、第 214 页；*Rieger*，载 DNotZ 1999 年版，第 64 页、第 77 页；对上述观点持的怀疑态度另见 *Sarres*，载 Frieser/Sarres/Stückemann/Tschichoflos 编著：《继承法专业律师手册》，2013 年版，第 13 章段落边号 80 以下。

〔2〕 *Eberl-Borges*［著］，第 277 页以下。退出共同继承关系而实现遗产部分分割的合同公证件模本见 *Eckert/Kroiß*：《继承法》，2012 年第 2 版，第 215 页；以及 *Sarres*，载 Frieser/Sarres/Stückemann/Tschichoflos 编著：《继承法专业律师手册》，2013 年版，第 13 章段落边号 82。

〔3〕 译者注：即共同继承人身份。

三、遗产分割程序

就遗产分割，法律上规定了不同的程序。这些分割程序根 10
据共同继承人（作为继承人共同体［成员］）自己是否有遗产
分割资格，可分为两类。如果被继承人未另作规定，共同继承
人一直有遗产分割的资格。被继承人可以将遗产分割交由遗嘱
执行人或第三人（根据 BGB 第 2048 条[1]第 2 句话）或仲裁法
庭完成。遗产分割如果原来由继承人共同负责[2]的话，则应将
遗产分割做如下区分，即根据遗产分割协议——包括经遗产分
割法庭或公证员调解（依照《家事程序及非讼事件程序法》
［FamFG］第 363 条[3]以下规定的程序）达成的分割协议——
所实现的分割，根据分割诉讼实现的遗产分割以及通过共同继
承人指定的仲裁法庭实现的分割。

（一）通过遗嘱执行人完成的遗产分割

如果指定有遗嘱执行人管理全部遗产，根据 BGB 第 2204 11
条[4]原则上由其完成遗产分割。此情形下，该遗嘱执行人负有
遗产分割的义务，并且继承人可在其不作为时起诉。[5]遗产分
割执行依照《德国民事诉讼法》（ZPO）第 888 条。[6]如果被

---

〔1〕　译者注：BGB 第 2048 条标题为"被继承人的分割指示"。

〔2〕　译者注：字面意思为由"共同继承关系"或"继承人共同体"负责。

〔3〕　译者注：FamFG 第 363 条标题为"［遗产分割调解之］申请"。

〔4〕　译者注：BGB 第 2204 条标题为"共同继承人之间的分割"。

〔5〕　参见《帝国法院民事判决》第 100 卷，第 95 页、第 97 页；科隆地方高级
法，载 ZEV 1999 年版，第 226 页；Soergel/*Damrau*（《德国民法典 Soergel 注解》/注
解人 *Damrau*）对 BGB 第 2204 条的注解，段落边号 3。

〔6〕　参见 Soergel/*Damrau* 对 BGB 第 2042 条的注解，段落边号 3。译者注：
ZPO 第 888 条标题为"无法代理的行为"。

继承人剥夺了遗嘱执行人遗产分割的资格（参见 BGB 第 2208
条[1]第 1 款第 1 句话），则遗产分割由共同继承人负责。遗嘱
执行人必须遵照被继承人终意处分时做出的遗产分割禁令。另
一方面，如果共同继承人有效约定维持共同继承关系或者有效
约定排除财产分割，遗嘱执行人没有义务放弃遗产分割。[2]

12   遗嘱执行人首先制定一个遗产分割方案（参见 BGB 第 2204
条第 2 款），制定方案时必须执行被继承人的指示（参见 BGB
第 2203 条[3]）。如果被继承人没有指示，则依照法定的遗产分
割规则，即 BGB 第 2042 条以下、第 2042 条第 2 款及第 752 条
以下。[4] 遗嘱执行人尤其要遵照 BGB 第 752～754 条[5]关于
遗产分割的规定，原则上须在共同继承人中分割单独的遗产标
的，包括通过强制拍卖与分配拍卖所得价款对无法分割的土地
实现分割（依照 BGB 第 753 条第 1 款第 1 句话），以及其他本质
上无法分割的标的同样通过公开拍卖和分配拍卖所得价款（依
照 BGB 第 753 条第 1 款第 1 句话及第 1233 条第 1 款，第 1235

---

  [1] 译者注：BGB 第 2208 条标题为"遗嘱执行人权利的限制，通过继承人实
行"。

  [2] 参见 *Eberl－Borges*［著］，第 97 页以下；不同观点见帝国法院判决，载
《Warneyer 编写未在帝国法院判决官方集录中刊行的帝国法院民事判决》（WarnR-
spr），1934 年第 21 号；纽伦堡地方高级法院判决，载《在线版 Beck 判决集录》
（BeckRS）2010 年第 12479 号；*Brox/Walker*：《继承法》，段落边号 517；*Exner*［著］，
第 47 页以下；*Gottwald*，载 ErbR 2007 年版，第 11 页、第 15 页；Bengel/Reimann/
Schaub：《遗嘱执行手册》，2010 年版，第 4 章段落边号 249；Storz，载 ZEV 2011 年
版，第 18 页、第 20 页以下；Soergel/*Wolf* 对 BGB 第 2042 条的注解，段落边号 3。

  [3] 译者注：BGB 第 2203 条标题为"遗嘱执行人的任务"。

  [4] 参见卡尔斯鲁厄地方高级法院判决，载《新法学周刊——民事判决报告》
（NJW－RR）1994 年版，第 905 页、第 906 页；科隆地方高级法院判决，载 ErbR 2008
年版，第 20 页、第 21 页。

  [5] 译者注：BGB 第 752 条标题为"原物分割"；第 753 条标题为"通过出卖
分割"；第 754 条标题为"共同债权的出卖"。

条第 1 款[1]) 实现分割。[2] 与之相反的观点，即遗嘱执行人无须遵照 [法定的] 遗产分割规则[3] 或至少 BGB 第 753 条[4] 也无须遵照，没有法律依据。遗嘱执行人无须遵照共同继承人的指示，涉及 BGB 第 2050 条[5] 以下各条规定的均衡义务时，也是一样。[6] 但遗嘱执行人如果遵照共同继承人的一致愿望，则其法律行为有效，并且根据 BGB 第 2219 条[7] 第 1 款不会引发责任；遗嘱执行人如果偏离被继承人的指示，亦同。[8]

遗嘱执行人首先制定出遗产分割方案草稿并听取共同继承人对草稿的意见。[9] 根据 BGB 第 2204 条第 2 款，无论如何必须在分割方案执行之前听取共同继承人的意见。该方案通过遗

13

---

[1] 译者注：BGB 第 1233 条标题为 "出卖的实行"；第 1235 条标题为 "公开拍卖"。

[2] 参见卡尔斯鲁厄地方高级法院判决，载 NJW–RR 1994 年版，第 905 页，第 906 页；*Eberl–Borges* [著]，第 100～103 页。

[3] 参见 *Lange/Kuchinke* [著]，§ 31 V 6（第 646 页）；MüKo/*Zimmermann*（《德国民法典慕尼黑注解》/注解人 *Zimmermann*）对 BGB 第 2204 条的注解，段落边号 2。

[4] 参见《帝国法院民事判决》第 108 卷，第 289 页、第 290 页；*Johannsen*，载 WM 1969 年版，第 1402 页、第 1409 页；*Muscheler*，载 AcP 第 195 卷（1995 年版），第 35 页、第 67 页；Staudinger/*Reimann*（《德国民法典 Staudinger 注解》/注解人 *Reimann*）对 BGB 第 2204 条的注解，段落边号 18。

[5] 译者注：BGB 第 2050 条标题为 "作为法定继承人的晚辈直系血亲的均衡义务"。

[6] 参见 *Eberl–Borges* [著]，第 105 页；不同观点见 Soergel/*Damrau* 对 BGB 第 2204 条的注解，段落边号 20；《帝国法院法官 BGB 注解》（RGRK）/*Kregel* 对 BGB 第 2204 条的注解，段落边号 4；Bengel/Reimann/*Schaub*：《遗嘱执行手册》，2010 年版，第 4 章段落边号 249；*Storz*，载 ZEV 2011 年版，第 18 页、第 21 页；MüKo/*Zimmermann* 对 BGB 第 2204 条的注解，段落边号 13。

[7] 译者注：BGB 第 2219 条标题为 "遗嘱执行人的责任"。

[8] 参见 *Eberl–Borges* [著]，第 104 页；MüKo/*Zimmermann* 对 BGB 第 2204 条的注解，段落边号 2；不同观点见 Soergel/*Damrau* 对 BGB 第 2204 条的注解，段落边号 27；Lange/*Kuchinke* [著]，§ 31 V 1 a（第 640 页）。

[9] 参见 *Löhnig*，载 Rißmann 编著：《继承人共同关系》，§ 13 段落边号 48。

嘱执行人相应的意思表示而产生约束力，表示当中必须明示遗产分割从现在起按该方案进行。表示可以明示也可以默示，应对所有的共同继承人做出，属于单方、须对方接受的、非要式法律行为，[1]并且无须监护法庭同意。以这种方式被宣布为具有约束力的遗产分割方案使共同继承人享有权利、承担义务，并且对遗嘱执行人有约束力。[2]

14　　　遗产分割方案最终由遗嘱执行人执行。执行分割方案也属于遗嘱执行人的职责，此点可以从 BGB 第 2204 条第 1 款中得出。

（二）按第三人公平裁量进行的遗产分割

15　　　另外参见本注解中对 2048 条的注解，段落边号 14～18。

（三）按共同继承人协议进行的遗产分割

1. 表现形式及法律性质

16　　　共同继承人的遗产分割协议有不同表现形式。如果共同继承人希望通过一次行为约定遗产分割，必须就一个考虑所有遗产标的的分割方案达成一致，该分割协议[3]即成为实行遗产分割的法律基础。共同继承人也可以循序渐进每次仅就遗产分割的部分行为达成一致，[4]不管是关于一个或几个单独的遗产标的（标的的部分分割，参见段落边号 7）或关于一位共同继承人退出继承人共同体（人的部分分割，参见段落边号 7～9）。因

---

〔1〕　参见科隆地方高级法院判决，载 ErbR 2008 年版，第 20 页。

〔2〕　参见科隆地方高级法院判决，载 ErbR 2008 年版，第 20 页；*Eberl – Borges*〔著〕，第 105 页以下，包括更多例证。

〔3〕　分割协议措词模本见 *Sarres*，载 Frieser/Sarres/Stückemann/Tschichoflos 编著：《继承法专业律师手册》，2013 年版，第 13 章段落边号 69。

〔4〕　就循序渐进分割的优点见 *Sarres*，载 Frieser/Sarres/Stückemann/Tschichoflos 编著：《继承法专业律师手册》，2013 年版，第 13 章段落边号 11。关于将土地作为剩余的最后遗产标的进行分割，有关模本参见 *Krause*，载 ZFE 2007 年版，第 182 页、第 183 页以下。

此，没有一个统一的遗产分割协议，反而要对多个不同协议区分，这些协议分别构成遗产分割每部分行为的法律基础。相反，按一种广为接受的观点，遗产分割可以依据分别在部分共同继承人之间的多个单独合同进行，但这些合同之间必须按共同继承人意愿相互关联。[1] 这些被接受的前提是，所要求的它们彼此的关联必须具有全体继承人之间协议的性质。有这样的一个框架协议，并不影响遗产分割的各部分法律行为分别仍由共同继承人中一部分人形成。[2]

共同继承人之所以能通过协议规定遗产分割，原因是 BGB 第 2042 条以下各条基本都有任意法的性质。法院判例及法学理论认为遗产分割协议有合同的性质。[3] 鉴于该协议各方作为人合共同体[4] 成员即继承人共同体成员而相互联系，多表明其属于一种决议。[5] 细节问题上，二名称之间基本没有差别，但无论如何需要注意，遗产分割协议系一种多方法律行为，每位共同继承人代表各自一方，并且协议有内部法律行为的性质，即其是由共同继承人作为继承人共同体成员而订立的。

17

2. 内容与解释

共同继承人基本上可以自由订立遗产分割方案内容，但他们必须彼此达成一致。如果他们达成一致，也可以偏离法律的

18

----

〔1〕 参见帝国法院判决，载《最高法官判决》1930 年第 1466 号；MüKo/*Ann* 对 BGB 第 2042 条的注解，段落边号 33；RGRK/*Kregel* 对 BGB 第 2042 条的注解，段落边号 9；Erman/*Schlüter* 对 BGB 第 2042 条的注解，段落边号 10；Staudinger/*Werner* 对 BGB 第 2042 条的注解，段落边号 26。

〔2〕 参见 *Eberl-Borges*〔著〕，第 69 页。

〔3〕 参见联邦普通法院判决，载 DNotZ 1955 年版，第 406 页、第 407 页；NJW 1963 年版，第 345 页、第 346 页；*Damrau*，载 ZEV 1994 年版，第 1 页、第 3 页；*Kipp/Coing*〔著〕，§ 118 III（第 638 页）。

〔4〕 译者注：即人合共同关系。

〔5〕 参见 *Eberl-Borges*〔著〕，第 77 页以下。

规定甚至被继承人指示。遗产分割方案按共同继承人统一的客观观点进行解释，而共同继承人凭最少的特别认知理解分割方案是关键。[1]

3. 协议各方

19 遗产分割协议在所有共同继承人之间订立。如果一位共同继承人的应继份已被移转，应继份受让人接替该共同继承人。订立分割协议，允许代理，但需要注意 BGB 第 181 条[2]的规定。[3]分割协议还要由其余有权替共同继承人处分其应继份的人同意，例如由破产管理人或替共同继承人管理财产的遗嘱执行人同意。根据 BGB 第 1273 条第 2 款、第 1258 条第 2 款[4]，分割协议除共同继承人同意外，还必须经共同继承人应继份的质权人同意，[5]同样，类推适用 BGB 第 1071 条[6]，应继份用益权人也必须同意。除 BGB 第 2113 条、第 2114 条[7]适用外，没有必要使后位继承人参与遗产分割。[8]根据 BGB 第 1365 条[9]，分割协议必须经共同继承人的配偶同意。[10]

---

〔1〕 参见 *Eberl – Borges*〔著〕，第 173 ~ 176 页；Soergel/*Wolf* 对 BGB 第 2042 条的注解，段落边号 26。

〔2〕 译者注：BGB 第 181 条标题为"与自己的行为"。

〔3〕 参见 *Eberl – Borges*〔著〕，第 129 页以下。

〔4〕 译者注：BGB 第 1273 条标题为"权利质权的法定内容"；第 1258 条标题为"对共有人之一应有份额的质权"。

〔5〕 参见联邦普通法院判决，载 NJW 1969 年版，第 1347 页、第 1348 页；Soergel/*Wolf* 对 BGB 第 2042 条的注解，段落边号 30。

〔6〕 译者注：BGB 第 1071 条标题为"被设定负担的权利的废止或更改"。

〔7〕 译者注：BGB 第 2113 条标题为"对土地、船舶及建造中的船舶的处分；赠与"；第 2114 条标题为"对附抵押权的债权、土地债务及定期土地债务的处分"。

〔8〕 参见 Soergel/*Wolf* 对 BGB 第 2042 条的注解，段落边号 30；*Keim*，载 RNotZ 2003 年版，第 375 页、第 379 页。

〔9〕 译者注：BGB 第 1365 条标题为"[一方配偶]对全部财产的处分"。

〔10〕 参见 *Keim*，载 RNotZ 2003 年版，第 375 页、第 379 页；对此立场的限制性观点见慕尼黑地方高级法院判决，载《德国法律月刊》（MDR）1970 年版，第 928 页。

如果个别共同继承人不具有无限制的行为能力，根据 BGB 　20
第 181 条、第 1795 条第 2 款及第 1909 条[1]，这些共同继承人
每位都要有特别法定代理人（保佐人）。[2] 如果约定一位共同
继承人通过向其余共同继承人支付补偿金而受让全部遗产，亦
同。[3] 只有当约定的遗产分割完全符合被继承人指示或者——
如无被继承人指示——符合法律规定时，自我缔约及多方代理
根据 BGB 第 181 条末句才可能有效。[4]

4. 格式上及关于批准的要求

遗产分割协议的格式，法律上没有规定特别规定。需要遵　21
守一般的关于格式的条款：例如遗产土地退出公同共有时，须
遵守 BGB 第 311 b 条第 1 款，[5] 或有限责任公司股份移转时，
须遵守《有限责任公司法》（GmbHG）第 15 条第 4 款。[6] 另

---

　　[1]　译者注：BGB 第 1795 条标题为"代理权的排除"；第 1909 条标题为"补
充性保佐"。

　　[2]　参见联邦普通法院判决，载 FamRZ 1968 年版，第 245 页以下；*Damrau*，
载 *Rißmann* 编著：《继承人共同关系》，2009 年版，§ 11 段落边号 46 以下；参见
Eberl - Borges［著］，第 134 页以下；*Mahlmann*，载 ZEV 2009 年版，第 320 页、第
321 页。

　　[3]　参见 *Eberl - Borges*［著］，第 135 页以下；不同观点见《帝国法院民事判
决》第 93 卷，第 334 页、第 335 页；《联邦普通法院民事判决》第 15 卷，第 97 页、
第 99 页；MüKo/*Ann* 对 BGB 第 2042 条的注解，段落边号 38；Soergel/*Wolf* 对 BGB 第
2042 条的注解，段落边号 31。

　　[4]　参见《帝国法院民事判决》第 93 卷，第 334 页、第 336 页；《联邦普通法
院民事判决》第 21 卷，第 229 页、第 232 页；*Damrau*，载 ZEV 1994 年版，第 1 页、
第 3 页；*Damrau*，载 *Rißmann* 编著：《继承人共同关系》，2009 年版，§ 11 段落边号
36 ~ 38；*Mahlmann*，载 ZEV 2009 年版，第 320 页、第 321 页；Soergel/*Wolf* 对 BGB 第
2042 条的注解，段落边号 31。

　　[5]　参见《帝国法院民事判决》第 129 卷，第 122 页、第 123 页；*Keim*，载
RNotZ 2003 年版，第 375 页、380 页以下；译者注：BGB 第 311 b 条标题为"关于土
地、财产及遗产的合同"。

　　[6]　模本见 *Eckert/Kroiß*：《继承法》，2012 年版，第 208 ~ 212 页；译者注：
GmbHG 第 15 条标题为"股份的移转"。

外，遗产分割协议需要符合一般有关批准的要求，尤其是 BGB 第 1643 条第 1 款以及 1821 条以下各条的规定。[1]

（四）通过官方调解机构进行的遗产分割

22　　遗产分割协议也可以按官方调解程序依据 FamFG 第 363 条至第 372 条[2]实现。只要继承人共同体存在，该调解程序即被允许。但依据 FamFG 第 363 条第 1 款，如果存在有权执行遗产分割的遗嘱执行人，另外，如进行遗产管理、执行破产程序及依据 BGB 第 2043 条法定延缓遗产分割时，调解程序免除。根据 FamFG 第 363 条第 1 款由法院（遗产分割法庭）负责调解。[3] 但自 2013 年 9 月 1 日（《非讼领域业务移交公证员法》生效）以来，依据新的《法院组织法》（GVG）第 23a 条第 3 款、《联邦公证员法》（BnotO）第 20 条第 1 款新条文，负责调解实质内容的不再是区法院而是公证员。法律变更前，只有当各州法律作了规定时（如 FamFG 第 487 条第 1 款第 2 项旧条文，BnotO 第 20 条第 5 款旧条文，另见《巴伐利亚州法院组织法及普通审

---

〔1〕　参见 MüKo/*Ann* 对 BGB 第 2042 条的注解，段落边号 38。详见 *Damrau*，载 *Rißmann* 编著：《继承人共同关系》，2009 年版，§ 11 段落边号 39 以下。译者注：BGB 第 1643 条标题为"应批准的法律行为"；第 1821 条标题为"对有关土地、船舶或建造中的船舶的行为的批准"。

〔2〕　见 2009 年 9 月 1 日之前《非讼事件法》（FGG）第 86～98 条，这些条款内容后来未经变更改被《家事程序及非讼事件程序法》（FamFG）借用；FamFG 第 363 条标题为"［遗产分割的］申请"；第 364 条废止；第 365 条标题为"传讯"；第 366 条标题为"庭外协定"；第 367 条标题为"重新指定"；第 368 条标题为"遗产分割计划；确认"；第 369 条标题为"通过抽签进行的分配"；第 370 条标题为"争议情形下停止［分配］"；第 371 条标题为"经确认的协议及分割的效力；执行"；第 372 条标题为"上诉"；第 373 条标题为"财产共同关系的分割"。

〔3〕　参见《非讼事件费用法》第 116 条第 2 款。依据 FamFG 第 342 条第 2 款第 1 项，调解程序属于遗产分割事宜，依据《法院组织法》（GVG）第 23 条第 1 款第 2 项、第 2 款第 2 项从实质内容上负责的是区法院，根据《司法辅助员法》（RPflG）第 3 条第 2 c 项从功能上负责的是司法辅助员。

判程序法执行法》［BayAGGVG］第 38 条，《黑森州非讼事件法》［HessFGG］第 24 条以下，《下萨克森州非讼事件法》［Nds-FGG］第 14 条以下），公证员才（替法院或与法院一道）负责调解。根据 FamFG 第 363 条第 2 款，各共同继承人、应继份受让人、质权人与应继份的用益权人具有提请调解权。

　　FamFG 第 368 条第 1 款第 1 句话规定，只要按情势可以进 **23** 行遗产分割，公证员即订立分割方案。遗产分割方案经所有权利人都同意后即告成立，方案由公证员书面证明，并通过决议确认（FamFG 第 368 条第 1 款第 2、3 句话），未参加表态者视为同意分割方案（详见 FamFG 第 366 条第 3 款、第 4 款，第 368 条第 2 款）。就继承权、应继份大小等有争议时，FamFG 第 370 条第 1 句话中规定的程序将推迟，[1] 直至争议由受理法院判决或者经继承人合意消除为止。确认决议生效后，根据遗产分割方案可做强制执行（参见 FamFG 第 371 条第 2 款第 1 句话）。遗产分割方案执行时公证员不再起调解作用。

（五）遗产分割诉讼

　　对一位共同继承人的合法要求如果其他共同继承人拒绝满 **24** 足，则该共同继承人可提起遗产分割诉讼（受理法院所在地见 ZPO 第 27 条[2]）。[3] 遗产分割诉讼，根据通行观点属**给付诉**

---

　　[1]　如果就法律问题已存在争议，而提请展开调解程序，则根据杜塞尔多夫地方高级法院的判决（载 NJW-RR 2003 版，第 5 页、第 6 页），不允许展开调解程序，应予以拒绝；对此持赞同观点的见 *Zimmermann*，载 ZEV 2009 年版，第 374 页、第 376 页。就如何处理争议内容，另参见 *Ihrig*，载 MittBayNot 2012 年版，第 353 页、第 362 页以下。

　　[2]　译者注：ZPO 第 27 条标题为"遗产的特殊受理法院所在地"。

　　[3]　就其他的诉讼可能见 Soergel/*Wolf* 对 BGB 第 2042 条的注解，段落边号 22。

讼，诉讼标的是获得对原告提起的分割方案的同意，[1] 根据其他观点属**确认诉讼**，诉讼标的为遗产分割必须按照已提交的、符合决定性规则的分割方案进行。[2] 原告可以是各共同继承人以及每位主张遗产分割权利的人，被告是反对遗产分割的共同继承人。不一定要对全体共同继承人提起诉讼，[3] 因为多位共同继承人不一定就是共同诉讼人。[4]

25　　有争议的是，允许提起遗产分割诉讼或无论如何有理由提起遗产分割诉讼是否必须以遗产**已经可以分割**为前提，即已经明确哪些资产和负债属于遗产。[5] 按正确的观点，各方的相应陈述不一定要在提起诉讼前即已无争议，因为所提交遗产分割方案中考虑到的各遗产标的及遗产债务是否确实属于遗产，及

---

〔1〕　参见柏林地方高级法院判决，载 NJW 1961 年版，第 733 页；卡尔斯鲁厄地方高级法院判决，载 NJW 1974 年版，第 956 页；MüKo/*Ann* 对 BGB 第 2042 条的注解，段落边号 56、62；Erman/*Schlüter* 对 BGB 第 2042 条的注解，段落边号 16。

〔2〕　参见 *Eberl-Borges*［著］，第 188~190 页。

〔3〕　参见罗斯托克地方高级法院判决，载 ZEV 2009，第 465 页；MüKo/*Ann* 对 BGB 第 2042 条的注解，段落边号 60；Soergel/*Wolf* 对 BGB 第 2042 条的注解，段落边号 18。

〔4〕　参见科隆地方高级法院判决，载《新法学在线期刊》（NJOZ）2004 年版，第 3062 页、3065 页以下；Staudinger/*Werner* 对 BGB 第 2042 条的注解，段落边号 42；Soergel/*Wolf* 对 BGB 第 2042 条的注解，段落边号 18。

〔5〕　肯定性观点见柏林地方高级法院判决，载 NJW 1961 年版，第 733 页；卡尔斯鲁厄地方高级法院判决，载 NJW 1974 年版，第 956 页；*Lange/Kuchinke*［著］，§ 44 III 6 a（第 1095 页）；Erman/*Schlüter* 对 BGB 第 2042 条的注解，段落边号 16；否定性观点见联邦普通法院判决，*Johannsen*，载 WM 1970 年版，第 738 页、第 744 页；*Steiner*，载 ZEV 1997 年版，第 89 页、第 90 页；区别对待的观点见 MüKo/*Ann* 对 BGB 第 2042 条的注解，段落边号 58；Bamberger/Roth/*Lohmann*（《德国民法典 Bamberger/Roth 注解》/注解人 *Lohmann*）对 BGB 第 2042 条的注解，段落边号 7；Soergel/*Wolf* 对 BGB 第 2042 条的注解，段落边号 20。对遗产已经可以分割的不同理解，见 *Krug*，载 ErbR 2008 年版，第 62 页、第 64 页、第 66 页，他认为本质上无法分割的遗产标的必须已经变卖；同样观点见 *Gockel*，载 ErbR，2013 年版，第 341 页、第 342 页以下，他建议使所有争议内容事前通过确认诉讼加以澄清。

遗产分割方案从该意义上说是否完整，法庭在判决分割方案是否符合决定性法律依据时，都要提前考察。原告如果要避免法庭因为所判决的遗产内容与其观点不同而驳回其起诉，就必须提出相应的**备份诉求**，即作为替补的其他分割方案。对提起遗产分割诉讼，根据 BGB 第 1821 条、第 1822 条第 2 项[1]一般无须经监护法庭同意。但遗产分割方案中如包括须经监护法庭批准的法律行为，则必须由原告在遗产分割法庭［就其起诉］作出判决前出具［监护法庭对遗产分割诉讼的］批准。[2]

诉求须包括具体的遗产分割方案，根据通行观点，诉求的标的是获得对该方案的同意。[3] 法庭单独决定是否应同意原告提交的遗产分割方案。如果遗产分割方案不具体，根据 ZPO 第 139 条[4]，法庭有义务促使原告充分恰当地提起诉求。[5] 如果法庭的提示未起作用，诉求应被驳回。[6] 原告提交的遗产分割方案法庭不能自行更改或用自己的方案代替。[7] 法庭没有根据自己裁量实行遗产分割的形成权。[8] 某些情况下，原告还必

26

---

　〔1〕　译者注：BGB 第 1821 条标题为"对有关土地、船舶或建造中的船舶的行为的批准"；第 1822 条标题为"对其他行为的批准"。

　〔2〕　参见柏林地方高级法院判决，载 NJW 1961 年版，第 733 页；Soergel/*Wolf* 对 BGB 第 2042 条的注解，段落边号 20。

　〔3〕　参见柏林地方高级法院判决，载 NJW 1961 年版，第 733 页；卡尔斯鲁厄地方高级法院判决，载 NJW 1974 年版，第 956 页；MüKo/*Ann* 对 BGB 第 2042 条的注解，段落边号 56、62；Soergel/*Wolf* 对 BGB 第 2042 条的注解，段落边号 19。

　〔4〕　译者注：ZPO 第 136 条标题为"实体的诉讼指挥"。

　〔5〕　参见 *Sarres*，载 FuR 2008 年版，第 276 页、第 278 页，文中还谈及同样可减少该诉讼风险的和解审理。

　〔6〕　参见图林根地方高级法院判决，载 FamRZ 2009 年版，第 458 页、第 459 页；科隆地方高级法院判决，载 ErbR 2008 年版，第 20 页、第 23 页。

　〔7〕　参见柏林地方高级法院判决，载 NJW 1961 年版，第 733 页、第 733 页；MüKo/*Ann* 对 BGB 第 2042 条的注解，段落边号 62。

　〔8〕　参见杜塞尔多夫地方高级法院判决，载 FamRZ 1999 年版，第 1338 页；Soergel/*Wolf* 对 BGB 第 2042 条的注解，段落边号 19。

须提出**备份诉求**。如果原告提交的遗产分割方案符合决定性遗产分割规则，即符合被继承人的遗产分割指示，符合共同继承人的各种协议，无协议时，符合法律条款，则诉求成立。[1] 批准诉求的法院判决生效，根据 ZPO 第 894 条[2] 第 1 款第 1 句话，相当于被告已对遗产分割方案表示同意，这样一来即有了相应的遗产分割协议。

27 确定遗产分割诉讼的**涉案价值**依照 ZPO 第 3 条[3]，同时要考虑原告的利益。即使遗产分割涉及全部遗产，[涉案价值] 还是应仅以原告的应继份价值为基础，[4] 因为原告最终主张的只是给其所分的份额。如果仅对单独遗产标的分割有争议，则涉案价值仅按这些标的交易价值的相应部分而定。[5] 关于费用问题，适用 ZPO 第 99 条[6] 以下的规定。如果一位共同继承人拒绝对分配或利用单独的遗产标的表示同意，就已经使按 ZPO 第 93 条[7] 提起诉讼有了理由。[8]

---

〔1〕 参见柏林地方高级法院判决，载 NJW 1961 年版，第 733 页；MüKo/*Ann* 对 BGB 第 2042 条的注解，段落边号 70；*Brox/Walker*：《继承法》，段落边号 520；Soergel/*Wolf* 对 BGB 第 2042 条的注解，段落边号 19。

〔2〕 译者注：ZPO 第 894 条标题为"对作出意思表示的假定"。

〔3〕 译者注：ZPO 第 3 条标题为"根据自由裁量确定价值"。

〔4〕 参见联邦普通法院判决，载 NJW 1975 年版，第 1415 页、第 1416 页；*Klingelhöffer*，载 ZEV 2009 年版，第 379 页以下；Soergel/*Wolf* 对 BGB 第 2042 条的注解，段落边号 24；不同观点，即根据 ZPO 第 6 条以全部遗产价值为基础，见联邦普通法院判决，载 NJW 1962 年版，第 914 页、第 916 页；Staudinger/*Werner* 对 BGB 第 2042 条的注解，段落边号 45。

〔5〕 参见 Soergel/*Wolf* 对 BGB 第 2042 条的注解，段落边号 24；不同观点见联邦普通法院判决，载 NJW 1969 年版，第 1350 页（所有遗产标的价值）；联邦普通法院判决，载 NJW 1975 年版，第 1415 页、第 1416 页。

〔6〕 译者注：ZPO 第 99 条标题为"对费用判决的反驳"。

〔7〕 译者注：ZPO 第 93 条标题为"立即承认［请求权］时的费用"。

〔8〕 参见科隆地方高级法院判决，载 NJW-RR 1997 年版，第 519 页；Soergel/*Wolf* 对 BGB 第 2042 条的注解，段落边号 24。

（六）通过仲裁法庭进行的遗产分割

对继承法纠纷，实践中很少发生仲裁程序。[1] 但通过终意 　28
处分诉诸仲裁法庭是允许的，[2] 因为被继承人有权做出所有法
律未明确禁止的指示，他只需遵守终意处分要求的格式之一即
可；但 ZPO 第 1031 条[3] 不适用。[4] 共同继承人也可以通过仲
裁协议诉诸某仲裁法庭，但必须遵守 ZPO 第 1031 条有关格式的
规定。

通过上述方式，遗产分割也可以移交仲裁法庭处理，由仲裁 　29
法庭通过形成权利，即不受法定规则限制制定遗产分割方案。[5]
但［当事人］对仲裁法庭按公平原则就审判相应授权，必须按
新的仲裁程序法——ZPO 第 1051 条[6] 第 3 款第 1 句话——明
确表示。

通过仲裁判决，产生了一个对共同继承人有约束力、由其 　30
自行完成的遗产分割方案。如果一位共同继承人拒绝接受该方

---

〔1〕　参见 Krug/Rudolf/Kroiß/Bittler/Krug：《继承法律师手册》，2010 年版，
§ 23 段落边号 2；Schiffer，载《仲裁审判》，第 65 页、第 68 页。到目前为止也有专
门针对继承法的仲裁法庭：参见 1998 年成立的注册协会——德国继承纠纷仲裁协会，
网址：www. DSE - Erbrecht. de。

〔2〕　参见《帝国法院民事判决》第 100 卷，第 76 页、第 77 页；哈姆地方高级
法院，载 NJW-RR 1991 年版，第 455 页、第 456 页；Lange/Kuchinke［著］，§ 32 II
4（第 692 页）；Schiffer，载 BB，1995 年版第 5 期第 2 页。

〔3〕　译者注：ZPO 第 1031 条标题为"仲裁协议的形式"。

〔4〕　参见 Kohler，载 DNotZ 1962 年版，第 125 页、第 127 页；U. Walter，载
Mitt - RhNotK 1984 年版，第 69 页、第 77 页。

〔5〕　参见联邦普通法院判决，载 NJW 1959 年版，第 1493 页、第 1494 页；
Eberl - Borges［著］，第 120 ~ 126 页；Kohler，载 DNotZ 1962 年版，第 125 页以下；
Sarres，FuR 2008 年版，第 276 页、第 277 页；Schwab/G. Walter：《仲裁审判》，2005
年版，第 1 部分第 3 章段落边号 7；参见 Krug/Rudolf/Kroiß/Bittler/Krug：《继承法律
师手册》，2010 年版，§ 23 段落边号 30。

〔6〕　译者注：ZPO 第 1051 条标题为"［仲裁判决］适用的法律"。

案，则仲裁判决必须宣布为可执行（ZPO 第 1060 条 [1] 第 1 款），并且分割方案通过对仲裁判决的强制执行来实施。

（七）法庭对［作为遗产的］农业企业的分配

31　　如果遗产中有农业企业 [2] ，可以根据《土地流通法》（GrdstVG）第 13~17 条及第 33 条规定的程序申请法庭对其进行分配；法庭安排的分配因而［在此点上］优先于遗产分割诉讼。农业法庭可以针对按 GrdstVG 第 13 条第 1 款提起的诉求，通过形成权力将农业企业分给一位共同继承人或应继份受让人，但对该程序的许可有严格限制。根据 GrdstVG 第 13 条第 1 款第 1 句话共同继承关系必须依据法定继承已经产生，如果［被继承人］终意处分结果导致采用法定继承相关规则，该程序即自行排除。 [3] 另外，启用该程序还要求被继承人不得通过特别处分已对遗产分割作出规定，例如通过遗产部分分割、指定有遗产分割权的遗嘱执行人或者排除遗产分割。 [4] 如果共同继承人就遗产分割达成合意，并且约定的遗产分割［方案］可以执行，则不允许按 GrdstVG 第 14 条第 2 款采用法庭分配农业企业的程序。

---

　　[1]　译者注：ZPO 第 1060 条标题为"国内的仲裁判决"。

　　[2]　有关该概念的解释见 *Uricher*，载《Damrau 纪念文集》（FS Damrau）2007 年版，第 167 页、第 170~177 页。

　　[3]　参见《联邦普通法院民事判决》第 40 卷，第 60 页、第 64 页；*Graß*，载 Härtel 编著：《农业法专业律师手册》，2012 年版，第 37 章，段落边号 129；*Erman/Schlüter* 对 BGB 第 2042 条的注解，段落边号 15；另参见奥尔登堡地方高级法院，载《下萨克森州司法辅助》（NdsRpfl）66 期，第 42 页。

　　[4]　参见 *Erman/Schlüter* 对 BGB 第 2042 条的注解，段落边号 15。

法庭分配农业企业的前提是，该企业能供养一户农民家庭 32
（GrdstVG 第 14 条）。该企业必须分配给按被继承人真实或推测
的意思拟给予的继承人（GrdstVG 第 15 条第 1 款第 1 句话）。受
让［继承］人必须已准备好受让[1]企业并且适合对企业进行
合规管理（GrdstVG 第 15 条第 1 款第 3 句话）。如果该企业可以
分割成多个小企业，则其也可以在分割后分配给多个共同继承
人（GrdstVG 第 13 条第 1 款第 1 句话后半句）。考虑到其他共同
继承人的利益，法庭须根据 GrdstVG 第 16 条第 1 款，确定他们
均衡请求权的具体金额。计算均衡请求权额以企业收益价值为
基准（参见 BGB 第 2049 条[2]）。事后如果受让［继承］人转
让企业，其他共同继承人根据 GrdstVG 第 17 条可能还会有后续
补偿金的请求权。[3]

四、确定遗产分割的内容

BGB 第 2046～2057a 条，第 2042 条第 2 款结合第 752～756 33
条[4]规定了如何确定遗产分割的内容，它们构成了一项兜底条
款，可以由被继承人，也可以部分由遗产分割所涉及各方支配。
被继承人根据第 2048 条第 1 句话可以自由决定是否在死因处分
中作出遗产分割指示。法定的遗产分割规则对可以通过自由订
立协议形成遗产分割方案的共同继承人没有约束力，对被继承
人将遗产分割交于其，由其按公平裁量处理的遗嘱执行人
（BGB 第 2048 条第 2 句话）也没有约束力。法定遗产分割规则

---

[1]　译者注："Übernahme"（继承）字面可译为"接管"。
[2]　译者注：BGB 第 2049 条标题为"农场的接收"。
[3]　另参见联邦普通法院判决，载 FamRZ 2012 年版，第 362 页；*Graß*，载 ZEV 2013 年版，第 375 页、第 379 页。
[4]　译者注：BGB 第 755 条标题为"连带债务的清偿"；第 756 条标题为"共同关系人债务的清偿"。

起决定作用，首先是在遗产分割方案需要经受理法院确认时（参见段落边号24、26）。此外，法定遗产分割规则总体说来对遗嘱执行人有约束力，[1] 因为遗嘱执行人根据 BGB 第2204条第1款受法定条款的约束。

34　　根据 BGB 第2046条第1款第1句话，首先必须清偿遗产债务，如果需要，根据 BGB 第2046条第3款，清偿债务时遗产应变换为金钱。[清偿债务后]所剩余额根据 BGB 第2047条第1款、第2042条第2款、第752条以下须分配给共同继承人。此外，必须确定分割的财产及这些财产按相应价值以多大份额分给各继承人。根据 BGB 第2047条第1款，确定上述比例的基础是各继承人的应继份。如果根据 BGB 第2050～2057a条需要考虑所谓均衡义务，则按第2055条第1款第2句话，分割的财产可以出于计算的目的增加或者按第2057a条第4款第2句话减小，并且继承人之间的关系可以按第2055条第1款第2句话或第2057a条第4款第1句话相应平移。法定遗产分割的特点是，共同继承关系的终止通过遗产分割，即各遗产标的从共同继承关系分别移转至每位共同继承人而实现。

35　　共同继承人进行遗产分割，可遵循下述原则并另外规定有关细节：[2] 例如，可以不事先清偿遗产债务而进行遗产分割，也可以将对遗产债务的责任不再限于遗产（参见 BGB 第2058条[3]以下）。共同继承人对均衡的规定可以和 BGB 第2050条以下不同。就遗产分割而言，他们可以区别于法律规定，通过自由交

---

〔1〕 参见科隆地方高级法院判决，载 ErbR 2008年版，第20页、第21页。

〔2〕 关于可能要求供具担保的案例，参见 Keim，载 RNotZ 2003年版，第375页、第377页以下、第383页以下、第387页。

〔3〕 译者注：BGB 第2058条标题为"连带债务责任"。

易出售遗产标的,[1] 也可以排除 BGB 第 2042 条第 2 款、第 757 条、第 437 条[2] 以下（参见对 BGB 第 2042 条注解的段落边号 16）规定的对物的瑕疵及权利瑕疵的责任。[3]

　　共同继承人也可以完全脱离法定的遗产分割方法,以其他方式使共同继承关系终结。如果一位共同继承人要受让[4] 全部遗产,所有其余的共同继承人可以将其应继份移转给该受让人,该受让的继承人可以对他们补偿。[5] 如果和联邦普通法院就共同继承人放弃应继份而退出共同继承关系的较新判决联系起来（另见段落边号 9）,则会不受形式拘束,和通过所有共同继承人都退出,直至共同体中只有一位共同继承人得出同样的结果。但此处有和关于遗产部分分割同样的顾虑（见段落边号 9）。[6] 遗产分割的另一种形式可能会是所有共同继承人将其应继份以有偿的方式移转给第三人,该人以此方式受让遗产。[7] 如果共同继承人要终止共同继承关系,但以人合公司［包括合伙］继续共同管理遗产,他们可以将遗产标的引入由他们成立的人合公司中,并且要遵守相应的形式条款,例如关于遗产土地的形式条款。共同继承人如果将其应继份移转给人合公司,可以不

36

---

　　〔1〕　就不同的情况参见 *Eberl–Borges*［著］,第 248～250 页。

　　〔2〕　译者注：BGB 第 757 条标题为"分配给共同关系人之一情形下的担保"；第 437 条标题为"买受人在有瑕疵情形下的权利"。

　　〔3〕　推荐此类法律行为的有 *Krause*,载 ZFE 2007 年版,第 182 页（完全排除对土地承担的物的瑕疵责任）。

　　〔4〕　译者注：此处即继承。

　　〔5〕　参见《帝国法院民事判决》第 88 卷,第 116 页、第 118 页。就该遗产分割方法的细节,尤其是需要注意的有关形式的条款,参见 *Eberl–Borges*［著］,第 251～263 页；*Pöting*,载 MittBayNot 2007 年版,第 376 页以下。

　　〔6〕　就所有共同继承人都退出,直至共同体中只有一位共同继承人而实现的遗产分割,见 *Eberl–Borges*［著］,第 269～280 页。

　　〔7〕　参见 *Eberl–Borges*［著］,第 263～266 页。

通过单独移转。根据《企业改组法》（UmwG）第 1 条第 2 款，不允许通过移转财产或者保持身份不变而将继承人共同体改组为人合公司，因为对继承人共同体法律中没有规定如此进行改组。[1]

---

[1] 就具体细节，参见 *Eberl–Borges* [著]，第 281～284 页，包括更多例证。关于保持身份不变而将继承人共同体改组为人合公司的争议针对的是 1995 年 1 月 1 日颁布的新《企业改组法》生效之前的法律状况，当时还不存在和现行 UmwG 第 1 条第 2 款相应的条款。

第二章　德国民法典第 2042 条 遗产分割

BGB 第 2042 条法条条文

（1）以第 2043～2045 条没有其他规定为限，每位共同继承人都可以随时要求分割遗产。

（2）适用第 749 条第 2 款、第 3 款及第 750～758 条[1]的规定。

参考文献

Eberl - Borges：《遗产分割》，2000 年版；

Exner：《德国法与法国法共同继承关系中的遗产分割》，波恩大学 1994 年博士论文；

Lask：《遗产分割合同的解除与转变》，1988 年博士论文；

Petzold：《继承人共同关系中的遗产部分分割》，汉堡大学 1973 年博士论文。

---

　　[1]　译者注：BGB 第 749 条标题为"［共同关系］废止请求权"；第 750 条标题为"死亡情形下废止的排除"；第 751 条标题为"废止的排除及特定继受人"；第 752 条标题为"原物分割"；第 753 条标题为"通过出卖进行的分割"；第 754 条标题为"共同债权的出卖"；第 755 条标题为"连带债务的清偿"；第 756 条标题为"共同关系人债务的清偿"；第 757 条标题为"分配给共同关系人之一情形下的担保"；第 758 条标题为"废止请求权不受消灭时效的限制"。

一、概述

1   和合伙通过合伙人以合同实现联合（BGB 第 705 条[1]）不同，继承人共同关系的产生和共同继承人意思无关，不需要共同继承人协助并且共同继承人经常不知。从这个意义上，继承人共同关系是一种强制性及归属性共同关系。为均衡这些特点，每位共同继承人都可以根据 BGB 第 2042 条第 1 款第 1 句话随时要求遗产分割。[2] 该请求权对于通常被理解为清算公同关系（参见 BGB 第 2042~2057a 条总论，段落边号 3）的继承人共同关系有特殊意义。[3]

二、法条内容

（一）遗产分割请求权（第 1 款后半句话）

2   BGB 第 2042 条第 1 款后半句话使每位共同继承人都有要求实行遗产分割的请求权。如何进行遗产分割，并不是一开始就一清二楚。分别根据具体遗产不同，可能会有迥异的分割方案。遗产在具体情况下如何分割，共同继承人可以通过协议确定。如果没有遗产分割协议，也可以商定其他的遗产分割代表类型，但要以被继承人的分割指示（BGB 第 2048 条）为准，以共同继承人对具体事项的约定，如未约定具体事项，以法定的分割规则，即 BGB 第 2042 条第 2 款结合第 752 条以下以及第 2046 条以下的规定为准。在上述前提下，BGB 第 2042 条第 1 款后半句话中的**请求权针对**的是其余共同继承人在遗产分割时的**协作**。[4]

---

[1]   译者注：BGB 第 705 条标题为"合伙关系的内容"。

[2]   参见 *Harder/Kroppenberg*［著］，段落边号 612。

[3]   另参见 *Ann*：《继承人共同关系》，2001 年版，第 273 页。

[4]   参见 *Eberl–Borges*［著］，第 187 页。

通行的观点认为请求权不限于这些内涵，而是要求其余共同继承人签订一个具体遗产分割协议，[1] 这些对在诉讼上实现请求权有影响（参见第 2042 ~ 2057a 条总论，段落边号 24）。

从 BGB 第 2042 条第 1 款后半句话推导出的协作义务涉及所有遗产分割要求的步骤。例如，每位共同继承人都有义务对清偿遗产债务（BGB 第 2046 条第 1 款第 1 句话）进行协作，如果债务系金钱债务，则有同意用遗产支付的义务。 3

根据 BGB 第 2042 条第 1 款后半句话，原则上每位共同继承人都有要求分割请求的权利。如果一位共同继承人移转了自己的应继份，则不是他而是应继份受让人有请求权。有分割请求权的还有已破产共同继承人的破产管理人（见《破产法》［InSO］第 35 条结合 ZPO 第 859 条第 2 款，InsO 第 84 条）[2]，遗嘱执行人，代替其管理应继份所属的共同继承人以及在个别继承人不明情形下的部分遗产保佐人（参见 BGB 第 1960 条[3]）。共同继承人（或应继份受让人）与用益权人一道才有分割请求权。对应继份有质权时，也适用相应的同样规定；[4] 但质权到期后质权人可以单独要求遗产分割。[5] 根据 BGB 第 2042 条第 1 4

---

〔1〕 参见帝国法院判决，载 JW 1910 年版，第 655 页；柏林地方高级法院判决，载 NJW 1961 年版，第 733 页；*Steiner*，载 ZEV 1997 年版，第 89 页、第 91 页；Soergel/*Wolf* 对 BGB 第 2042 条的注解，段落边号 13。

〔2〕 译者注：InSO 第 35 条标题为"破产财产的概念"；第 84 条标题为"合伙及共同关系的分割"；ZPO 第 859 条标题为"占有人的自助"。

〔3〕 译者注：BGB 第 1960 条标题为"遗产的保全；遗产保佐人"。

〔4〕 译者注：即共同继承人（或应继份受让人）与质权人一道才有分割请求权。

〔5〕 详细解释及例证见 Soergel/*Wolf* 对 BGB 第 2042 条的注解，段落边号 13。但如果是持续的遗嘱执行，质权人不得进行遗产分割，参见联邦普通法院判决，载 ZEV 2009 年版，第 391 页、第 392 页，包括 *Kiderlen* 的评注；本注解［即《诺注继承法》］中对 BGB 第 2214 条的注解，段落边号 6 及脚注 11 包括更多例证；*Damrau*，载 MittBayNot 2006 年版，第 253 页、第 254 页；不同观点见巴伐利亚州高级法院判决，载 MittBayNot 2006 年版，第 249 页、第 252 页。

款后半句话，其余共同继承人有协作义务，如应继份移转，则应继份受让人有协作义务。上述情形中，破产管理人、遗嘱执行人、质权人等也有协作义务。

5　　遗产分割请求权和继承人共同体成员的地位（共同继承人、应继份受让人）联系在一起，因而不能单独让与。但允许意定诉讼担当。[1]

（二）部分分割请求权

6　　如果共同继承人未另做约定，他们中的每一位都有请求权，要求遗产分割按法律或被继承人指示所规定的方式进行。BGB第2046条以下、第2042条第2款结合第752条以下规定的遗产分割涉及全部共同继承人和除第2047条第2款所规定文书之外的全部遗产。根据这些规定，每位共同继承人都有完全的遗产分割请求权。对部分分割法律未作规定。因此，原则上不可能要求部分分割，[2]包括标的的部分分割及人的部分分割[3]（参见第2042～2057a条总论，段落边号7～9），除非被继承人在其指示中（参见BGB第2048条第1句话）也规定了部分分割或者共同继承人就部分分割达成合意。

---

〔1〕　参见联邦普通法院判决，载 FamRZ 1965 年版，第 267 页、第 270 页。

〔2〕　参见帝国法院判决，载《最高法官判决》1929 年第 1831 号；联邦普通法院判决，载 NJW 1985 年版，第 51 页、第 52 页；柏林地方高级法院判决，载 NJOZ 2003 年版，第 2609 页、第 2610 页；策勒地方高级法院判决，载 ZEV 2002 年版，第 363 页；科布伦茨地方高级法院判决，载 NJW-RR 2013 年版，第 584 页；罗斯托克地方高级法院判决，载 ZEV 2009 年版，第 465 页；MüKo/*Ann* 对 BGB 第 2042 条的注解，段落边号 18；Bamberger/Roth/*Lohmann* 对 BGB 第 2042 条的注解，段落边号 9；Palandt/*Weidlich*（《德国民法典 Palandt 注解》/注解人 *Weidlich*）对 BGB 第 2042 条的注解，段落边号 21；Soergel/*Wolf* 对 BGB 第 2042 条的注解，段落边号 40。

〔3〕　参见第 2042～2057a 条总论，段落边号 7 中译者对"人的部分分割"的注解。

　　但如果不存在未清偿的遗产债务，每位共同继承人都可以根据 BGB 第 2047 条第 1 款、第 2042 条第 2 款结合第 752～754 条要求分割遗产标的。这样一来，就可以进行标的的部分分割，因为一位共同继承人可以对一个或多个遗产标的分割，而不用必须同时对所有其他标的进行分割。[1] 如果还有遗产债务，则标的部分分割请求权只能在 BGB 第 242 条[2] 的基础上产生，前提是有实质性的原因存在，并且其他共同继承人的利益不会受到损害。[3] 如果 [标的] 部分分割之后的剩余遗产不足偿还仍然存在的遗产债务，则其他共同继承人利益即因 [对遗产债务的] 责任（BGB 第 2059 条[4] 以下）会受到损害。[5] 而如果共同继承人对于部分分割仅就单独遗产标的或不重要问题有不同意见，就可以要求标的部分分割。[6]

　　对人的部分分割不存在请求权，[7] 即使在 BGB 第 242 条的基础上也不可能有例外。[8] 如果一位共同继承人想退出继承人共同体，该共同继承人可以决定应继份是否转让，转让给第三

　　〔1〕　参见 *Eberl–Borges*［著］，第 201 页。

　　〔2〕　译者注：BGB 第 242 条标题为"依诚实信用给付"。

　　〔3〕　参见《帝国法院民事判决》第 93 卷，第 334 页、第 337 页；联邦普通法院判决，载 NJW 1963 年版，第 1610 页、第 1611 页；柏林地方高级法院判决，载 NJOZ 2003 年版，第 2609 页、第 2610 页；罗斯托克地方高级法院判决，载 ZEV 2009 年版，第 465 页以下；MüKo/*Ann* 对 BGB 第 2042 条的注解，段落边号 19；*Stahmer*，载 ErbR 2011 年版，第 188 页；Soergel/*Wolf* 对 BGB 第 2042 条的注解，段落边号 40。

　　〔4〕　译者注：BGB 第 2059 条标题为"到分割时为止的责任"。

　　〔5〕　参见 *Petzold*［著］，第 100 页。

　　〔6〕　参见 MüKo/*Ann* 对 BGB 第 2042 条的注解，段落边号 19；另参见联邦普通法院判决，载 NJW 1963 年版，第 1610 页、第 1611 页；德累斯顿地方高级法院判决，载 ErbR 2011 年版，第 185 页、第 187 页，包括 *Stahmer* 的评注。

　　〔7〕　参见联邦普通法院判决，载 NJW 1985 年版，第 51 页、第 52 页；Staudinger/*Werner* 对 BGB 第 2042 条的注解，段落边号 30；Soergel/*Wolf* 对 BGB 第 2042 条的注解，段落边号 40。

　　〔8〕　参见 *Eberl–Borges*［著］，第 202 页。

人还是另一位共同继承人。

（三）遗产分割的随时性（第 1 款后半句话）与遗产分割的排除（第 1 款前半句话）

9 　　根据 BGB 第 2042 条第 1 款后半句话可以随时要求分割遗产，并且该请求权随着共同继承关系的产生，即继承的开始而产生。行使该请求权无须满足一般的前提（例如有［重要的］原因或遵守某个期限），唯一的限制仅在于 BGB 第 242 条［即给付依诚实信用］。[1]

10 　　另外，BGB 第 2042 条第 1 款前半句话还指出许多遗产分割（暂时）排除的情况。适用这些情况按法律规定，以应继份从内容和时间上尚未确定，比如因期待一位共同继承人的出生（BGB 第 2043 条）而尚未确定，为限。被继承人也可以通过指示排除遗产分割（BGB 第 2043 条）。每位共同继承人都可以要求分割延缓至已开始的对债权人的公示催告结束为止，或者延缓至未经延迟申请的对债权人的公开或私人公示催告结束为止（BGB 第 2045 条）。

11 　　此外，共同继承人可以根据 BGB 第 2042 条第 2 款结合第 749 条第 2～3 款、第 750 条、第 751 条**通过约定排除遗产分割，可约定一段时间排除，也可约定永久排除**。共同继承关系不因此改变其法律性质，尤其是变为人合公司（参见 BGB 第 2042～2057a 条总论，段落边号 3）。由共同继承人约定的对遗产分割的排除不能简单转化为同时有继承人共同体分割效力的公司

---

〔1〕　参见杜塞尔多夫地方法院判决，载 FamRZ 1955 年版，第 303 页、第 304 页；MüKo/*Ann* 对 BGB 第 2042 条的注解，段落边号 8；Soergel/*Wolf* 对 BGB 第 2042 条的注解，段落边号 17。

[或合伙] 合同。[1] 根据 InsO 第 84 条[2] 第 2 款，在破产程序中共同继承人的约定不发生效果。共同继承人也可以仅就单独的遗产标的[3] 排除分割或仅排除某种解除 [共同继承关系的] 方式，例如排除通过强制拍卖出卖土地[4]。出于重要原因通知 [共同继承关系] 终止的权利不受影响（见 BGB 第 749 条第 2 款）。

（四）解除共同关系条款的补充应用（第 2 款）

根据 BGB 第 2042 条第 2 款，关于解除共同关系的条款，第 12
749 条第 2~3 款、第 750~758 条，可以补充应用到遗产分割上。第 749 条第 2~3 款、第 750 条、第 751 条是关于共同继承人约定的对遗产分割的排除（另参见段落边号 11）。通过指出参照 BGB 第 752~754 条，可以适用这些有关分割的条款。第 755 条以下是关于债务的清偿。第 755 条有关清偿连带债务，此处即清偿遗产分割时的遗产债务，该条款由 BGB 第 2046 条第 1 款具体化：[共同继承人] 可以要求清偿遗产债务作为遗产分割的第一步，即无论如何在分割前完成（因为不然的话，该步骤会对共同继承人责任产生后果，参见第 2059 条以下）。第 757 条关于瑕疵责任，第 758 条规定分割请求权不受消灭时效的限制[5]。

1. 遗产分割（第 2 款结合第 752~754 条）

（1）原物分割（第 2 款结合第 752 条）

根据 BGB 第 2042 条第 2 款结合第 752 条第 1 句话，被分割　13

---

〔1〕　参见 Staudinger/*Werner* 对 BGB 第 2042 条的注解，段落边号 29；另参见 Soergel/*Wolf* 对 BGB 第 2042 条的注解，段落边号 15。

〔2〕　译者注：InsO 第 84 条标题为 "合伙及共同关系的分割"。

〔3〕　参见联邦普通法院判决，载 WM 1968 年版，第 1172 页、第 1173 页。

〔4〕　参见 Soergel/*Wolf* 对 BGB 第 2042 条的注解，段落边号 16。

〔5〕　译者注：亦可直译为 "分割请求权时效不会消灭"。

财产中的标的如果可以价值无损地分割成同种、符合继承人关系的部分，则对这些标的的分割属于原物分割。这些标的必须既能从法律上又能从经济上分割。[1] 如果金钱和其他替代物以足够数量存在，则始终可以分割。有价证券如果能够做票面单位划分，即可以分割。[2] 金钱债券可以分割。[3] 以其他给付为标的的债权，如果标的本身可以分割，则债权也可以分割。[4] 被分割财产中的标的被分割后，所分割份额被分配给权利人，按照 BGB 第 752 条第 2 句话，分配通过抽签的方式进行。完成分割按普通规则和通过处分行为，即通过合意与交付或者通过土地所有权转移的合意及登入土地登记册[5] 或者通过权利的让与来进行。

（2）通过出卖进行的分割（第 2 款结合第 753 条以下）

14　　　原物分割如被排除，根据第 2042 条第 2 款结合第 753 条第 1 款第 1 句话，如果分割标的是物，则该标的被出卖，价款在继承人中分配。其中，动产的出卖按有关出卖质物的规则，即第 1233 条[6] 以下，不动产的出卖按《强制拍卖与强制管理法》（ZVG）的有关规定（第 180 条以下、第 1 条以下及第 15 条以下）通过强制拍卖进行。[7] 债权根据第 754 条被收取，债权给付标的根据第 752 条、第 753 条被折价和分配。如果不能收取债权，则债权根据第 753 条第 1 款第 1 句话、第 754 条第 1 句话出

---

〔1〕　参见 *Exner*〔著〕，第 135 页。

〔2〕　参见《帝国法院民事判决》第 91 卷，第 416 页、第 418 页。

〔3〕　参见《联邦普通法院民事判决》第 52 卷，第 99 页、第 103 页。

〔4〕　参见 *Exner*〔著〕，第 135 页。

〔5〕　译者注：前者（通过合意与交付）与后者（通过土地所有权转移的合意与登入土地登记册）分别针对动产及土地所有权移转的处分行为。

〔6〕　译者注：BGB 第 1233 条标题为"出卖的实行"。

〔7〕　分割拍卖在实践中的提示见 *Kiderlen*，载 ErbR 2008 年版，第 187 页以下。

卖，所得价款按第 753 条第 1 款第 1 句话分给继承人。[1]

2. 清偿共同继承人之间基于共同继承关系的债权（第 2 款结合第 756 条）

根据 BGB 第 2042 条第 2 款结合第 756 条，如果一位共同继承人基于共同继承关系拥有对另一位共同继承人的债权，则该共同继承人可以要求从作为债务人的共同继承人的遗产分割结存中清偿其债权[2]。这些债权包括诸如费用清偿请求权或者被继承人在继承开始前就对某位共同继承人拥有并在继承开始后转移给继承共同体的债权。[3] 这一规定旨在避免承担［债务］责任的共同继承人，在未清偿从共同继承关系中产生的债务之前，就于遗产分割时有所收获。清偿上述债务，通过用承担［债务］责任的共同继承人的分割请求权折抵其分割结存，而向作为债权人的共同继承人支付来实现。作为债权人的共同继承人所享有的这一优先权也使其在破产程序中有优先受偿权（InsO 第 84 条第 1 款第 2 句话）。

3. 对物的瑕疵、权利瑕疵（第 2 款结合第 757 条）及违背义务时的责任

根据 BGB 第 2042 条第 2 款结合第 757 条，每位共同继承人对随遗产分割所移转的标的中存在的物的瑕疵、权利瑕疵与出

---

〔1〕　就为遗产分割而出卖质物参见 *Damrau*，载 ZEV 2008 年版，第 216 页以下。

〔2〕　译者注：按 BGB 第 756 条第 1 句话后半句话的表述即"要求从归于债务人的那一部分共同标的中清偿其债权"。

〔3〕　参见《帝国法院民事判决》第 78 卷，第 273 页、第 274 页以下；Soergel/*Wolf* 对 BGB 第 2042 条的注解，段落边号 42。

卖人负同样的责任，即适用第 437 条以下。[1] 如果须将多件遗产物转让给一位共同继承人，其中只有一件或单独几件有物的瑕疵，则该共同继承人不能全部退出遗产分割约定。部分退出不可能，原因在于遗产分割约定不能分解成单独的部分。[2]

17　　另外，如果遗产标的移转时违背义务（给付迟延、积极侵害债权、遗产标的不能移转），原则上适用 BGB 第 280 条以下、第 323 条以下等一般规定。[3] 并且可能需要根据第 346 条以下或第 812 条[4]以下取消遗产分割步骤，但如果继承人共同关系已通过遗产分割解除，则分割步骤无法取消。因此，遗产分割须以其他方式，即以新的分割方案为基础来完成。[5] 其他观点认为，返还请求权依照 BGB 第 2041 条通过物上代位又归属于遗产。[6]

---

[1]　参见 *Eberl-Borges*［著］，第 391 页以下（仍然针对旧的债法）；Soergel/*Wolf* 对 BGB 第 2042 条的注解，段落边号 43，分别针对旨在限制瑕疵责任的观点；*Tschichoflos*，载 Frieser 编著：《专业律师继承法注解》，2011 年版，对 BGB 第 2042 条的注解，段落边号 42。译者注：BGB 第 437 条标题为"买受人在有瑕疵情形下的权利"。

[2]　参见 *Eberl-Borges*［著］，第 384 页、第 394 页；*Tschichoflos*，出处见《联邦普通法院民事判决》第 52 卷，第 99 页、第 103 页，对 BGB 第 2042 条的注解，段落边号 42。

[3]　参见 *Eberl-Borges*［著］，第 362 页以下（仍然针对旧的债法）；*Tschichoflos*，出处见《联邦普通法院民事判决》第 52 卷，对 BGB 第 2042 条的注解，段落边号 43。译者注：BGB 第 280 条标题为"因违反义务的损害赔偿"；第 323 条标题为"因未做出给付或所做给付不合乎合同而解除合同"。

[4]　译者注：BGB 第 346 条标题为"解除［合同］的效果"；第 812 条标题为"［基于不当得利的］返还请求权"。

[5]　参见 *Eberl-Borges*［著］，第 406 页以下；*Pöting*，载 MittBayNot 2007 年版，于第 273 页、第 277 页中推荐在遗产分割约定中纳入一条关于行使解除权的规定。

[6]　参见联邦普通法院判决，载 ZEV 2013 年版，第 84 页；*Lask*［著］，第 57 页以下、第 91 页以下；Soergel/*Wolf* 对 BGB 第 2042 条的注解，段落边号 43。

三、其他实用性提示

遗产分割请求权按照 BGB 第 2042 条第 2 款、第 758 条的规 18
定不受消灭时效的限制。但对作为遗产占有人的共同继承人的
遗产请求权却受消灭时效的限制（见 BGB 第 2018 条、第 2026
条，其中第 197 条[1] 第 1 款第 2 项规定消灭时效期间为 30
年）。因此，如果一位共同继承人占有遗产，并且针对他的遗产
请求权已完成消灭时效，则［其余共同继承人的］遗产分割请
求权也随之失去了基础。[2]

---

　［1］　译者注：BGB 第 2018 条标题为"遗产占有人的返还义务"；第 2026 条标
题为"［遗产占有人］不得主张取得时效"；第 197 条标题为"30 年消灭时效期间"。
　［2］　参见图林根地方高级法院判决，载 FamRZ 2008 年版，第 642 页、第 643
页；Staudinger/*Werner* 对 BGB 第 2042 条的注解，段落边号 48。

第三章　德国民法典第 2043 条
遗产分割的延缓

BGB 第 2043 条法条条文

（1）以应继份因一位共同继承人被期待的出生尚未确定为限，直至不确定性消除为止，不得分割。

（2）应继份尚未确定是因为关于申请收养、废止收养关系或认许被继承人设立的财团有权利能力的裁判尚未完成，在此限度内，亦同。

一、概述

1　　BGB 第 2043 条和第 2044 条、第 2045 条一样，都是 2042 条第 1 款后半句话的例外。根据 2042 条第 1 款后半句话，随时可以要求遗产分割：但分割以（单独或全部）应继份出于具体原因从内容或时间上尚未确定为限，被排除。共同继承人的分割请求权（另参见本注对 BGB 第 2042 条的注解，段落边号 2 以下）从这一意义上暂时被排除。不确定性的原因按第 2043 条的规定有：共同继承人被期待的出生（第 2043 条第 1 款），关于申请收养、废止收养关系或认许被继承人设立的财团有权利能力的裁判尚未完成（第 2043 条第 2 款）。为维护事后才确定身份的共同继承人的利益，法律规定了遗产分割的延缓：必须避免在共同继承人身份最终确定之后，遗产财产不再供支配。

二、法条内容

（一）不确定性（第 1 款、第 2 款）

不确定性只有被期待［成为继承人］的自然人或法人能够　2
真正成为继承人时才具备。被期待［成为继承人］的自然人或法人不得通过死因处分（BGB 第 1938 条[1]）或被顺序在先的继承人（BGB 第 1930 条[2]）排除于继承之外。

（二）分割延缓的范畴——"以……为限/在……限度内"（第 1 款、第 2 款）

遗产分割仅在具有不确定性的继承血统内排除。[3] 不确定　3
性如果仅涉及一个继承血统，比方因为该血统内的继承人人数尚不确定，则其余血统可以要求遗产分割[4]。对属于具不确定性的血统的应继份，只有在不确定性解除后才能要求进行分割。[5]

（三）不确定性的原因

1. 共同继承人被期待的出生（第 1 款）

因被期待的［共同继承人］出生的不确定性援引 BGB 第　4
1923 条[6] 第 2 款，并且以未来的共同继承人在继承开始前已

---

〔1〕　译者注：BGB 第 1938 条标题为"不指定继承人而排除在法定继承之外"。

〔2〕　译者注：BGB 第 1930 条标题为"等级顺位"。

〔3〕　参见《德国民法典第一草案起草缘由》第 5 卷，第 690 页。

〔4〕　译者注："so kann hinsichtlich der übrigen Stämme die Auseinandersetzung verlangt werden" 直译可译为"则对其余血统而言可以要求遗产分割"。

〔5〕　参见 MüKo/*Ann* 对 BGB 第 2043 条的注解，段落边号 4，包括举例；*Brox/Walker*：《继承法》，段落边号 516。

〔6〕　译者注：BGB 第 1923 条标题为"继承能力"。

孕育成胎儿为前提。

2. 收养（第 2 款）

5　　对申请收养（BGB 第 1741 条以下、第 1767 条[1] 以下）或废止收养关系（BGB 第 1759 条以下、第 1771 条[2] 以下）的裁判对［被收养］孩子的继承权有重要意义。收养令起关键作用，因而改变共同继承关系的构成（BGB 第 1754 条、第 1770 条、第 1772 条[3]）。废止收养关系的裁判［只］对将来发生效力（第 1764 条）[4]，使［与被收养人因收养而成立的］亲属关系[5] 消除，并因此消除［被收养人］法定共同继承人的地位。

3. 财团（第 2 款）

6　　认许由被继承人设立的财团具有权利能力（BGB 第 80 条以下、第 81 条、第 83 条[6]），也是对财团继承能力的裁判。根据 BGB 第 84 条[7]，通过捐助人的给予而设立的财团，即使在捐助人死亡之后才被批准［有权利能力］，也视为在捐助人死亡之前已经成立。

---

　　[1]　译者注：BGB 第 1741 条标题为"收养的可准许性"；第 1767 条标题为"收养的可准许性；适用的规定"。

　　[2]　译者注：BGB 第 1759 条标题为"收养关系的废止"；第 1771 条标题为"收养关系的废止"。

　　[3]　译者注：BGB 第 1754 条标题为"收养的效果"；第 1770 条标题为"收养的效果"；第 1772 条标题为"具有收养未成年人效果的收养"。

　　[4]　译者注：BGB 第 1764 条标题为"废止的效果"。

　　[5]　关于旨在强调被收养人法定亲属地位而将"Verwandtschaftsverhältnis"在此处译为"血统关系"的译法，参见陈卫佐译注：《德国民法典》，法律出版社 2010 年版，第 511 页。

　　[6]　译者注：BGB 第 80 条标题为"有权利能力的财团法人的形成"；第 81 条标题为"捐助行为"；第 83 条标题为"死因捐助"。

　　[7]　译者注：BGB 第 84 条标题为"捐助人死后的认许"。

4. 其他不确定性情况

对 BGB 第 2043 条规定的应继份不确定之外的其他不确定情况[1]，该条不适用。立法者有意将不确定的情况限制在第 2043 条规定的范畴中，将其他情况留由继承法革新来处理。[2] 因此，这一条款按通行的观点不可能类推应用。[3] 对于不知有个别共同继承人存在或者不知个别共同继承人是谁的其他情况，如果需要，须为共同继承人选任保佐人（BGB 第 1911 条，第 1960 条[4]）。[5] 上述处理方法是否仍必须适用，看来令人怀疑，因为继承法直到目前也未彻底改革。

7

（四）分割延缓的效果

BGB 第 2043 条不起**禁止遗产分割**的作用。如果第 2043 条虽有规定，仍然进行遗产分割，则分割不因第 134 条而无效。第 2043 条仅仅限制共同继承人要求遗产分割的权利，并不因此阻止以达成合意来实现分割。但后来［确定］的共同继承人不受仅在已确定的共同继承人之间所订立遗产分割约定的限制。关于［遗产标的］处分的有效性须遵照第 2040 条。

8

---

〔1〕　举例参见 MüKo/*Ann* 对 BGB 第 2043 条的注解，段落边号 8；Soergel/*Wolf* 对 BGB 第 2043 条的注解，段落边号 4。

〔2〕　参见《德国联邦议院出版物》（BT–Drucks），第 7 任期/5087 号，第 22 页。

〔3〕　参见 MüKo/*Ann* 对 BGB 第 2043 条的注解，段落边号 8；Staudinger/*Werner* 对 BGB 第 2042 条的注解，段落边号 3；Soergel/*Wolf* 对 BGB 第 2043 条的注解，段落边号 4；不同观点见 *Kipp/Coing*［著］，§ 116 II 1e。

〔4〕　译者注：BGB 第 1911 条标题为"不在［的成年］人的保佐"；第 1960 条标题为"遗产的保全；遗产保佐人"。

〔5〕　参见柏林地方高级法院判决，载 NJW 1971 年版，第 565 页、第 566 页；Erman/*Schlüter* 对 BGB 第 2043 条的注解，段落边号 6；Soergel/*Wolf* 对 BGB 第 2043 条的注解，段落边号 4。

三、其他实用性提示

9   如果遗产分割由于 BGB 第 2043 条所规定的原因暂被排除，但共同继承人仍要进行分割，则需要采取特殊的预防措施来防止分割约定后来无果而终及完成分割的处分具（悬而未决的）无效性。例如，已确定的共同继承人可以针对不再有继承人出现的情况作分割约定并就此作出有条件的处分。[1] 他们也可以在约定中考虑被期待 [出生] 的共同继承人，即为其保留一部分遗产。可以类比 BGB 第 177 条[2]，由后来 [确定] 的共同继承人追认遗产分割约定。继承人也可以预先性地参与制订遗产分割约定。[3]

10   仅仅由其他共同继承人[4] 作出的处分因 BGB 第 2040 条原则上无效。为保证处分的有效性，根据 BGB 第 1911 条、第 1913 条[5] 必须由一个保佐人替共同继承人行为。但遗产保佐人（见 BGB 第 1960 条、第 1961 条）[6] 没有替共同继承人行为的资格。另外，后来的共同继承人可以根据 BGB 第 185 条[7] 第 2 款追认处分。如果已经为被期待的继承人保留了一部分遗产，但他后来未成为继承人，则需要在已确定的共同继承人中重新进行一次遗产分割。

---

[1]   参见 MüKo/Ann 对 BGB 第 2043 条的注解，段落边号 10；Kipp/Coing [著]，§ 116 II 1d。

[2]   译者注：BGB 第 177 条标题为 "由无权代理的代理人订立合同"。

[3]   参见 Staudinger/Werner 对 BGB 第 2042 条的注解，段落边号 8。

[4]   译者注：即除被期待的共同继承人之外的共同继承人。

[5]   译者注：BGB 第 1911 条、第 1913 条的标题为 "不在人的保佐" 及 "不明利害关系人的保佐"。

[6]   译者注：BGB 第 1960 条、第 1961 条的标题为 "遗产的保全与遗产保佐人" 及 "根据申请进行的遗产保佐"。

[7]   译者注：BGB 第 185 条的标题为 "无权利人的处分"。

　　以遗产分割按照 BGB 第 2043 条从时间或内容上被排除为　11
限，不能按 FamFG 第 363 条[1] 进行公证员调解（官方调解程
序参见第 2042～2057a 条总论段落边号 22 以下）。[2]

　　第 2043 条在农业法院的分配程序中也必须遵照（参见第　12
2042～2057a 条总论段落边号 31 以下），并且根据 GrdstVG 第 14
条第 3 款将使分配推迟。

---

〔1〕　译者注：FamFG 第 363 条的标题为 "［遗产分割调解之］申请"。
〔2〕　参见 MüKo/*Ann* 对 BGB 第 2043 条的注解，段落边号 11。

第四章 德国民法典第 2044 条
遗产分割的排除

BGB 第 2044 条法条条文

（1）[1]被继承人可以通过终意处分排除遗产或个别遗产标的的分割，或使遗产或个别遗产标的的分割取决于是否遵守通知终止的期限。[2]准用第 749 条第 2～3 款、第 750 条、第 751 条及第 1010 条[1]第 1 款的规定。

（2）[1]如果自继承开始已经过 30 年，该处分无效。[2]但被继承人可以指示，该处分有效应该到一位共同继承人自身发生某一特定事件为止，或如果被继承人指示后位继承或遗赠，有效应该到后位继承开始时或遗赠归属时为止。[3]如果自身应发生该事件的共同继承人为法人，仍适用 30 年的期间。

参考文献

Bengel："被继承人禁止遗产分割处分的法律本质"，载 ZEV 1995 年版，第 178 页；

---

〔1〕 译者注：BGB 第 749 条标题为"［共同关系］废止请求权"；第 750 条标题为"死亡情形下废止的排除"；第 751 条标题为"废止的排除及特定继受人"；第 1010 条标题为"共有人之一的特定继受人"。

Kegel："为什么遗产分割禁令如此无效（Nemo minus iuris transferre potest，quam ipse habet）?"，载《Richard Lange 纪念文集》，1976 年版，第 927 页；

Kiethe："通过禁止处分应继份来排除分割继承人的共同关系——是否旨在防止企业家遗产受不速第三人侵扰?"，载 ZEV 2003 年版，第 225 页；

Kohler："遗嘱中的家庭财产"，载 NJW 1957 年版，第 1173 页；

Kohler："尤其对遗嘱中家庭财产的分割禁令"，载 DNotZ 1958 年版，第 245 页；

Muscheler："由被继承人对遗产分割的排除"，载 ZEV 2010 年版，第 340 页；

Sarres："遗产分割的延缓与排除"，载 ZEV 2005 年版，第 191 页；

Seemüller："持续的共同继承关系"，汉堡大学 1976 年博士论文；

Weckbach：《遗产分割禁令的约束效力》，1987 年版。

一、概述

BGB 第 2044 条第 1 款第 1 句话使被继承人能够对排除遗产（全部遗产或仅个别遗产标的）分割作出指示。排除遗产分割使基于第 2042 条第 1 款后半句话的共同继承人的分割请求权消除。通过这种方式，被继承人可以施加影响，使其遗产作为一个整

1

体保留下来，[1] 尤其作为家庭财产保留下来。[2] 此外，第 2044 条第 1 款第 1 句话使被继承人得以把遗产分割和是否遵守通知终止期限挂钩。该句话使被继承人可以为准备分割留有足够时间。[3] 但为防止被继承人影响力过大，《德国民法典》对其加以限制，以维护共同继承人的利益。具体限制措施见第 2044 条第 2 款结合第 749 条第 2～3 款、第 750 条、第 751 条；它们相当于用来规定由共同继承人约定的排除遗产分割的条款（另见本注解对第 2042 条的注，段落边号 11）。时间上的限制见第 2044 条第 2 款。设定上述限制，《德国民法典》出于公平的目的，旨在防止被强制而长期留在共同关系中的弊端。[4]

二、法条内容

（一）法律行为基础（第 1 款第 1 句话）

2　被继承人可以根据第 2044 条第 1 款第 1 句话通过终意处分，即遗嘱或继承合同，做出指示。继承合同中的遗产分割限制通常是单方处分（第 2299 条[5]）。根据通行的观点，也可以作合同上的义务约束，并且是以遗赠或负担进行分割限制为前提（参见第 2278 条[6] 第 2 款；另见以下段落边号 3）。相应地，在共同遗嘱中的上述条款可以是一个［与其他处分］相互依存的

---

〔1〕　参见 MüKo/*Ann* 对 BGB 第 2044 条的注解，段落边号 1；Soergel/*Wolf* 对 BGB 第 2044 条的注解，段落边号 1。

〔2〕　参见 *Kipp/Coing*［著］，§ 116 IV（1 之前）；*Kohler*，载 NJW 1957 年版，第 1173 页、第 1174 页。

〔3〕　参见 MüKo/*Ann* 对 BGB 第 2044 条的注解，段落边号 1；Soergel/*Wolf* 对 BGB 第 2044 条的注解，段落边号 2。

〔4〕　参见《德国民法典第一草案起草缘由》第 5 卷，第 689 页；MüKo/*Ann* 对 BGB 第 2044 条的注解，段落边号 1。

〔5〕　译者注：BGB 第 2299 条标题为"单方处分"。

〔6〕　译者注：BGB 第 2278 条标题为"准许的合乎合同的处分"。

处分（第 2270 条[1] 第 3 款）。[2] 另外，分割限制也可以在法定继承时予以指示。[3]

被继承人指示可以具有**遗赠或负担**的法律性质。[4] 解释被继承人指示的关键是被继承人通过遗赠要实现什么目标。如果被继承人想——如同一般情况——使个别共同继承人不违背其他共同继承人的意思要求遗产分割，即如果仅每位共同继承人根据第 2042 条的分割请求权应受到限制，则该指示属于分别有利于其他各共同继承人的遗赠（BGB 第 1939 条、第 2150 条）[5]。

〔1〕 译者注：BGB 第 2270 条标题为"相互依存的处分"。

〔2〕 参见 *Lange/Kuchinke*〔著〕，§ 44 II 3 a 脚注 65；RGRK/*Kregel* 对 BGB 第 2244 条的注解，段落边号 1；Staudinger/*Werner* 对 BGB 第 2044 条的注解，段落边号 10；不同观点见 *Kipp/Coing*〔著〕，§ 116 IV（1 之前）。

〔3〕 参见巴伐利亚州高级法院判决，载 NJW 1967 年版，第 1136 页。

〔4〕 该理论的一部分将其同（单纯的）消极遗产分割指示予以区分，认为后者并不同时是遗赠或负担，持此观点者见 *Bengel*，载 ZEV 1995 年版，第 178 页、第 179 页；Erman/*Schlüter* 对 BGB 第 2044 条的注解，段落边号 2；*Weckbach*〔著〕，第 34 页；Soergel/*Wolf* 对 BGB 第 2044 条的注解，段落边号 3；不同观点见 MüKo/*Ann* 对 BGB 第 2048 条的注解，段落边号 3；Staudinger/*Werner* 对 BGB 第 2044 条的注解，段落边号 5，认为消极遗产分割指示始终是遗赠或负担。*Muscheler*，载 ZEV 2010 年版，第 340 页、第 344 页，认为被继承人指示根据第 2044 条既非遗赠也非负担，而是一种特殊的终意处分。

〔5〕 通行的观点见 MüKo/*Ann* 对 BGB 第 2044 条的注解，段落边号 13；Staudinger/*Werner* 对 BGB 第 2044 条的注解，段落边号 6；另见 *Bengel*，载 ZEV 1995 年版，第 178 页、第 179 页；不同观点见 *Weckbach*〔著〕，第 34 页（单纯分割指示）。有争议的是，排除分割赋予共同继承人的是针对其余共同继承人分割请求权的否定性抗辩权（Einwendung）（此观点见 Soergel/*Wolf* 对 BGB 第 2044 条的注解，段落边号 3）还是仅仅使分割请求权受阻碍的抗辩权（Einrede）（此观点见 MüKo/*Ann* 对 BGB 第 2044 条的注解，段落边号 13；Staudinger/*Werner* 对 BGB 第 2044 条的注解，段落边号 6）。译者注：就 Einwendung（使权利被否定的抗辩权）与 Einrede（使权利受阻碍的抗辩权）的语汇及概念性区别参见陈卫佐：《德国民法总论》，法律出版社 2007 年版，第 63 页以下；*Jürgen Baumann*，Einführung in die Rechtswissenschaft - Rechtssystem und Rechtstechnik, 8 Aufl. 1989, S. 224~225. BGB 第 1939 条标题为"遗赠"；BGB 第 2150 条标题为"先取遗赠"。

该情况下，仍然可以通过合意实现分割（详见段落边号5）。如果排除遗产分割与上述情况相反，违背所有共同继承人的一致意思而实现，则该指示属于由所有共同继承人承担的负担（BGB第1940条、第2192条），[1]根据BGB第2194条[2]必须予以履行。[3]但被继承人指示在这种情况下也仅产生债权上而不产生物权上的效果（另见段落边号5）。

（二）法条内容分类（第1款第1句话）

4　　《德国民法典》在第2044条第1款第1句话中首先规定了遗产分割的排除。该句话中被继承人可以完全排除遗产分割，即排除各种分割，包括单独分割行为。另外，被继承人可以使分割取决于通知终止的期限。被继承人还可以通过指示使分割变得更难（例如，指示非单独的共同继承人而只有多数继承人才能要求分割）。该权利作为一种部分性权利包括在完全排除分割的全面权利当中。[4]根据第2044条第1款第1句话，被继承人可以就全部遗产或仅就单独的遗产标的进行指示。遗产分割限制可以针对所有共同继承人或仅针对个别血统。[5]

（三）法条的效果

5　　被继承人排除遗产分割，通过其对BGB第2042条中分割请

---

〔1〕　参见《联邦普通法院民事判决》第40卷，第115页、第117页；MüKo/Ann对BGB第2044条的注解，段落边号14。译者注：BGB第1940条标题为"负担"；BGB第2192条标题为"可适用的规定"。

〔2〕　译者注：BGB第2194条标题为"履行［负担］请求权"。

〔3〕　详见MüKo/Ann对BGB第2044条的注解，段落边号14。

〔4〕　参见《帝国法院民事判决》第110卷，第271页、第273页；Soergel/Wolf对BGB第2044条的注解，段落边号2。

〔5〕　参见MüKo/Ann对BGB第2044条的注解，段落边号4；Erman/Schlüter对BGB第2044条的注解，段落边号1；Soergel/Wolf对BGB第2044条的注解，段落边号2。

求权的限制，而产生债权上的效果。[1] 这样一来，对某位共同继承人的遗产分割要求，［其他］共同继承人不用满足。但如果所有共同继承人都一致愿意进行遗产分割，则被继承人指示不能阻碍分割约定产生效力（除非被继承人［进行指示的］同时通过遗赠或设定负担使非继承人受益）。[2] 遗嘱执行人受排除遗产分割［指示］的约束（第 2204 条第 1 款）。如果遗嘱执行人经所有共同继承人（包括受遗赠人或负担受益人）的同意而摆脱排除分割指示的约束，则他们事后无论如何不能因违背义务而要求遗嘱执行人作出损害赔偿。排除分割指示并不产生物权上的效果，即分割指示不能剥夺共同继承人对遗产标的的处分权。BGB 第 137 条[3] 第 1 句话使被继承人指示不具有剥夺共同继承人对遗产标的处分权的效力。排除分割指示从第 137 条第 2 句话的意义上仅代表一个**债权上的不作为义务**。[4] 也就是说，共同继承人可以根据第 2040 条第 1 款的规定有效处分遗产标的。

（四）遗产分割限制的界限

1. 物的界限（第 1 款第 1 句话）

BGB 第 2044 条第 1 款第 2 句话指出参照第 749 条第 2 ~ 3 款、第 750 条、第 751 条、第 1010 条第 1 款，这些条款在遗产分割限制不是由共同继承人约定而是由被继承人指示的限度内

6

---

〔1〕 参见联邦普通法院判决，载 ZEV 2009 年版，第 391 页、第 392 页；《德国民法典第一草案起草缘由》第 5 卷，第 688 页以下；详见 *Weckbach*［著］，第 63 页以下。

〔2〕 参见 MüKo/*Ann* 对 BGB 第 2044 条的注解，段落边号 8。

〔3〕 译者注：BGB 第 137 条标题为 "法律行为上的处分禁止"。

〔4〕 参见 MüKo/*Ann* 对 BGB 第 2044 条的注解，段落边号 7；*Scheuren - Brandes*，载 ZEV 2007 年版，第 306 页、第 307 页；不同观点见 *Muscheler*，载 ZEV 2010 年版，第 340 页、第 342 页以下：直接产生物权效果的被继承人指示。

适用。

7   根据第 2044 条第 1 款第 2 句话结合第 749 条第 2~3 款，如果有重要原因，共同继承人可以要求遗产分割。重要原因是否存在，按各具体情况[1]而定，例如共同继承人之间的敌意可以算作重要原因。[2]一位共同继承人需要资金，一般不足以构成重要原因，尤其是资金需要如果能通过按适当价格转让应继份的方式加以满足的话，一定不算重要原因。[3]

8   仅暂时指定的遗产分割排除，根据第 2044 条第 1 款第 2 句话结合第 750 条，如有疑议，在一位共同继承人死亡时失去效力。

9   根据第 2044 条第 1 款第 2 句话结合第 751 条第 1 句话，遗产分割限制对依照第 2033 条[4]第 1 款已取得应有份额的特定继受人产生有利及不利效果，但遗产分割限制根据第 2033 条第 1 款结合第 751 条第 2 句话，不对因不仅暂时可执行的债务名称而已使应继份被扣押的债权人产生不利效果。

10   根据第 2044 条第 1 款第 2 句话结合第 1010 条第 1 款，遗产土地的分割限制只有在其作为共有份额的负担登入土地登记册时，才对共同继承人的特定继受人产生效力。类推应用第 1010 条第 1 款，以对遗产土地应有份额（而非对应继份）的特定继受为前提，并且针对下列特殊情况：被继承人允许共同继承人

---

〔1〕 参见汉堡地方高级法院判决，载 NJW 1961 年版，第 610 页、第 611 页。

〔2〕 参见杜塞尔多夫地方法院判决，载 FamRZ 1955 年版，第 303 页、第 304 页；另参见 MüKo/*Ann* 对 BGB 第 2044 条的注解，段落边号 17 及 *Sarres*，载 ZEV 2005 年版，第 191 页、第 192 页以下，分别包括更多举例。

〔3〕 参见 MüKo/*Ann* 对 BGB 第 2044 条的注解，段落边号 17；*Lange/Kuchinke* [著]，§ 44 II 3 bß。

〔4〕 译者注：BGB 第 2033 条标题为"共同继承人的处分权"。

将土地从共同继承关系[1]中转换至共同继承人按份共同关系中（共同继承人也的确进行了转换），但对分割按份共同关系予以排除。[2]

2. 时间上的界限（第 2 款）

根据第 2044 条第 2 款第 1 句话，被继承人的［分割限制］指示从继承开始起 30 年过后失效。这一最长期限根据第 2044 条第 2 款第 3 句话对作为共同继承人的法人也无例外而适用。对于自然人，被继承人可以按第 2044 条第 2 款第 2 句话指示，分割限制在［继承开始］30 年过后也仍然有效，直至一位共同继承人自身发生某特定事件，例如结婚或死亡为止。对分割限制的有效性，也可以通过指示，使其持续到所指示的后位继承发生（第 2139 条[3]）或暂不履行的遗赠[4]归属（第 2177 条[5]）为止。但上述条件或期限根据第 2109 条、第 2162 条[6]以下也受时间的限制。

三、其他实用性提示

（一）法律策略

由于共同继承人可以通过合意而违背被继承人排除遗产分割的指示（见段落边号 5），被继承人最终还是没有可能保证分

11

12

---

〔1〕 译者注："Miterbengemeinschaft"（共同继承关系）直译即为"共同继承人共同关系"。

〔2〕 Erman/*Schlüter* 对 BGB 第 2044 条的注解，段落边号 9；Staudinger/*Werner* 对 BGB 第 2044 条的注解，段落边号 16；Soergel/*Wolf* 对 BGB 第 2044 条的注解，段落边号 6；对此批评观点见 *Lange/Kuchinke*［著］，§ 44 II 3 a 脚注 73。

〔3〕 译者注：BGB 第 2139 条标题为"后位继承开始的效果"。

〔4〕 译者注：即附停止条件的遗赠。

〔5〕 译者注：BGB 第 2177 条标题为"附条件或期限的［遗赠］归属"。

〔6〕 译者注：BGB 第 2109 条标题为"后位继承失效"；第 2162 条标题为"附停止条件的遗赠的 30 年期间"。

割不发生。虽然他可以指定一位遗嘱执行人，该遗嘱执行人根据第 2204 条第 1 款须受排除遗产分割指示的约束，但其经所有共同继承人同意可以不遵守排除遗产分割指示（见段落边号 5）。如果被继承人指定了多位遗嘱执行人，可以希望其中至少有一位要求遵守排除遗产分割指示，但无法最终确保。根据第 2208 条[1] 第 1 款第 1 句话，被继承人可以剥夺遗嘱执行人的处分权，[2] 但第 137 条第 1 句话优先于第 2208 条，以防止被继承人同时既剥夺共同继承人又剥夺遗嘱执行人的处分权，否则就完全不再有处分的可能了。[3] 被继承人可最终以实现分割为解除条件而指定继承人。[4] 但即使如此，也不能保证实现被继承人的愿望，因为替补继承人可以通过同样方式违背被继承人的指示。

（二）程序法

13   因为被继承人排除遗产分割的指示不产生物权上的效果（见段落边号 5），所以该指示不能登入土地登记册。[5]

14   如果遗产分割禁令由一位共同继承人提出的话，公证员根据 FamFG 第 363 条以下，必须拒绝作出调解（另参见第 2042～

---

〔1〕 译者注：BGB 第 2208 条标题为"遗嘱执行人权利的限制，由继承人实行"。

〔2〕 另参见茨魏布吕肯地方高级法院判决，载 ZEV 2001 年版，第 274 页。

〔3〕《联邦普通法院民事判决》第 40 卷，第 115 页、第 118 页；《联邦普通法院民事判决》第 56 卷，第 275 页、第 280 页以下；MüKo/*Ann* 对 BGB 第 2044 条的注解，段落边号 9。

〔4〕 参见 *Adam*，载 MDR 2007 年版，第 68 页、第 70 页（失权条款）；Scherer 编著：《慕尼黑律师手册——继承法》，2010 年版，*Erker* 与 *Oppelt* 撰写：§ 26 段落边号 112；*Kegel*，载《R. Lange 纪念文集》，第 927 页、第 933 页；*Lange/Kuchinke* 〔著〕，§ 44 II 3 a；*Schlüter*：《继承法》，段落边号 692；另参见 *Ann*：《继承人共同关系》，2001 年版，第 276 页。

〔5〕 *Bengel*，载 ZEV 1995 年版，第 178 页、第 179 页；Soergel/*Wolf* 对 BGB 第 2044 条的注解，段落边号 4。

2057a 条总论中段落边号 22 以下）。

　　根据 GrdstVG 第 14 条第 3 款，农业法庭分配诉讼程序中的　15
农场［或田庄］分配[1]，在遗产分割被排除时，也不允许。

　　如果一位共同继承人根据 ZVG 第 180 条以下的规定申请强　16
制拍卖遗产土地，则另一位共同继承人可以相应依照 ZPO 第
771 条[2] 通过抗辩诉讼主张被继承人的一项分割禁令。[3]

---

　　〔1〕　译者注：根据 GrdstVG 第 13 条以下条款，不属于单独继承权而属于继承
人共同体的农场（或田庄），经申请可以由法庭分配给共同继承人中的一位归其单
独所有，该继承人须向其他共同继承人支付补偿金。

　　〔2〕　译者注：ZPO 第 771 条标题为"第三方抗辩之诉"。

　　〔3〕　参见联邦普通法院判决，载 FamRZ 1985 年版，第 278 页、第 280 页；汉
堡地方高级法院判决，载 NJW 1961 年版，第 610 页；Staudinger/*Werner* 对 BGB 第
2044 条的注解，段落边号 3。

第五章　德国民法典第 2045 条
遗产分割的延缓

BGB 第 2045 条法条条文

¹每位共同继承人都可以要求遗产分割延缓到第 1970 条〔1〕所允许的公示催告程序结束或第 2061 条〔2〕所规定的申报期间届满为止。²如果对开始公示催告程序尚未提出申请或第 2061 条所规定的公开催告尚未发布，则只有不延迟地提出申请或不延迟地发布催告时，才可以要求延缓。

1　　　该条款和遗产债务责任及继承人责任的特殊情况相关联。通过法院公示催告程序（BGB 第 1970 条以下、FamFG 第 433 条〔3〕以下）或者 BGB 第 2061 条规定的所谓私人公示催告，共同继承人即使本已承担无限责任，对于拖延的债权人也可以将其在遗产分割后的责任限制在各遗产债务与其应继份相当的部分（BGB 第 2060 条〔4〕第 1 项、第 2061 条第 1 款第 2 句话）。出于

---

〔1〕　译者注：BGB 第 1970 条标题为"债权的申报"。
〔2〕　译者注：BGB 第 2061 条标题为"对遗产债权人的公示催告"。
〔3〕　译者注：FamFG 第 433 条标题为"公示事宜"。
〔4〕　译者注：BGB 第 2060 条标题为"分割之后［共同继承人］的责任"。

这个原因，BGB 第 2045 条使共同继承人有权利要求将遗产分割推迟至公示催告程序结束或至申报期间届满为止。如果公示催告尚未申请或公开催告（第 2061 条）尚未发布，也可以主张［对分割的］抗辩。该共同继承人如要求推迟分割或主张抗辩，则必须根据第 2045 条第 2 句话不延迟地（即无带有过错的迟延，见 BGB 第 121 条［1］第 1 款第 1 句话）促使申请被提出或催告被发布。

如果在遗产分割程序（另见第 2042～2057a 条总论，段落边号 24～27）中主张延缓性抗辩，则该程序根据 ZPO 第 148 条［2］应按相关目的暂时中断。［3］　2

根据 GrdstVG 第 14 条第 3 款，农业法庭分配程序（另见第 2042～2057a 条总论，段落边号 31 以下）中，如果一位共同继承人根据第 2045 条要求延缓分割，则分配也必须延缓。　3

---

〔1〕　译者注：BGB 第 121 条标题为"撤销期间"。

〔2〕　译者注：ZPO 第 148 条标题为"未决诉讼须先定情形下［审理］的中止"。

〔3〕　参见 RGRK/*Kregel* 对 BGB 第 2045 条的注解，段落边号 3；Soergel/*Wolf* 对 BGB 第 2045 条的注解，段落边号 1。

第六章　德国民法典第 2046 条
遗产债务的清偿

BGB 第 2046 条法条条文

（1）¹遗产债务须首先用遗产进行清偿。²如果遗产债务尚未到期或有争议，则须对清偿所需的数额或标的[1]予以留置。

（2）如果一项遗产债务只需由数位共同继承人承担，则此数人只能要求用他们在遗产分割时所分得的标的清偿 [该遗产债务]。

（3）为清偿债务，遗产须在必要限度内变换为金钱。

参考文献

Dütz："BGB 第 273 条第 1 款关于遗产分割时的留置权"，载 NJW 1967 年版，第 1105 页；

Eberl-Borges：《遗产分割》，2000 年版，第 204~230 页。

一、概述

1　　BGB 第 2046 条规定的是遗产分割框架下的遗产债务清偿。

---

[1] 译者注："清偿所需的（das zur Berichtigung Erforderliche）"应包括清偿所需的数额或标的。

该条第 1 款第 1 句话将债务清偿定为遗产分割的第一步，其无论如何必须在遗产分割前完成。BGB 第 2046 条和第 733 条、第 1475 条[1] 的相应规定一样，缓和了由第 2042 条第 2 款（或者第 731 条第 2 句话，另参见第 1477 条[2] 第 1 款）指出参照而可以准用的第 755 条[3] 第 1 款。根据第 755 条第 1 款，考虑到公同共同关系的特点，只有在按份共有关系解除时（即分割或出卖时，见第 753 条[4] 以下），才能要求债务清偿。债务清偿提前，有利于到遗产分割前基本不以自有财产承担责任的共同继承人（第 2059 条[5]）。因此，遗产债务在遗产分割前清偿符合他们的利益。[6]

二、法条内容

（一）分割前的债务清偿（第 1 款第 1 句话）

关于遗产债务的概念见 BGB 第 1967 条[7] 段落边号 14 以下。特留份请求权（第 2303[8] 条以下），包括特留份补足请求权（第 2325 条[9]），也属于遗产债务。[10] 遗产债务还应包括

2

---

〔1〕　译者注：BGB 第 733 条标题为"合伙债务的清偿；出资的偿还"；BGB 第 1475 条标题为"共同财产债务的清偿"。

〔2〕　译者注：BGB 第 731 条标题为"清算时的程序"；BGB 第 1477 条标题为"分割的实行"。

〔3〕　译者注：BGB 第 755 条标题为"连带债务的清偿"。

〔4〕　译者注：BGB 第 753 条标题为"通过出卖进行的分割"。

〔5〕　译者注：BGB 第 2059 条标题为"到分割时为止的责任"。

〔6〕　参见《帝国法院民事判决》第 95 卷，第 325 页、第 328 页；Soergel/Wolf 对 BGB 第 2046 条的注解，段落边号 1。

〔7〕　译者注：BGB 第 1967 条标题为"继承人责任，遗产债务"。

〔8〕　译者注：BGB 第 2303 条标题为"特留份权人；特留份的大小"。

〔9〕　译者注：BGB 第 2325 条标题为"赠与情形下的特留份补足请求权"。

〔10〕　参见联邦普通法院判决，载 WM 1989 年版，第 382 页、第 383 页。

不可起诉义务及道德义务。[1] 上述情况下共同继承人在遗产分割之后不承担无限责任，使人不至于认为第 2046 条[2] 第 1 款第 1 句话（另见下文）规定了［共同继承人的］给付拒绝权。[3] 第 2046 条第 1 款第 1 句话针对的是**共同继承人内部关系**。该条款使共同继承人能对其余共同继承人参与分割的请求权提出抗辩。[4] 遗产债权人不能主张第 2046 条，[5] 因为该条款有任意法性质，即共同继承人可以约定在所有或个别遗产债务清偿之前全部或部分分割遗产，也可以由被继承人作出不同指示（第 2048 条第 1 句话）。[6] 以共同继承人未一致提出不同申请为限，遗产执行人（在没有被继承人不同指示的情况下）受第 2046 条约束（见第 2204 条[7] 第 1 款），[8] 另外公证员在 FamFG 第 363 条[9] 以下所规定的程序中（另见第 2042~2057a 条总论，段落边号 22 以下）也受该条款约束。[10]

---

[1] 参见 MüKo/*Ann* 对 BGB 第 2046 条的注解，段落边号 2；Staudinger/*Werner* 对 BGB 第 2046 条的注解，段落边号 4；Soergel/*Wolf* 对 BGB 第 2046 条的注解，段落边号 4。

[2] 译者注：BGB 第 2046 条标题为"遗产债务的清偿"。

[3] 参见 *Eberl–Borges*［著］，第 207 页。

[4] 参见 MüKo/*Ann* 对 BGB 第 2046 条的注解，段落边号 3；*Eberl–Borges*［著］，第 205~207 页；不同观点见 Bamberger/Roth/*Lohmann* 对 BGB 第 2046 条的注解，段落边号 1；Soergel/*Wolf* 对 BGB 第 2046 条的注解，段落边号 2（使权利被否定的抗辩权）。

[5] 参见《联邦普通法院民事判决》第 57 卷，第 84 页、第 93 页；*Eberl–Borges*［著］，第 205 页；Soergel/*Wolf* 对 BGB 第 2046 条的注解，段落边号 2。

[6] 参见 Soergel/*Wolf* 对 BGB 第 2046 条的注解，段落边号 3。

[7] 译者注：BGB 第 2204 条标题为"共同继承人之间的分割"。

[8] 参见《帝国法院民事判决》第 95 卷，第 325 页、第 329 页；《联邦普通法院民事判决》第 57 卷，第 84 页、第 93 页。

[9] 译者注：FamFG 第 363 条标题为"［遗产分割调解之］申请"。

[10] 参见 MüKo/*Ann* 对 BGB 第 2046 条的注解，段落边号 3；Erman/*Schlüter* 对 BGB 第 2046 条的注解，段落边号 1；Soergel/*Wolf* 对 BGB 第 2046 条的注解，段落边号 2。

（二） 未到期或有争议的遗产债务（第 1 款第 2 句话）

如果一项遗产债务尚未到期或对其存有争议，则根据第 **3** 2046 条第 1 款第 2 句话应对清偿该项债务所需的数额或标的进行留置，即暂不分割，其余数额或标的可以进行分割。[1] 不能要求通过提存来担保债务的清偿。[2] 如仅在共同继承人之间就债务有争议，就已符合存有争议的条件。[3] 对均衡义务[4]有不同意见时，相应适用第 2046 条第 1 款第 2 句话。[5]

（三） 只需由几位共同继承人承担的遗产债务（第 2 款）

如果一项遗产债务仅由一位或几位共同继承人负担（例如 **4** 被继承人对此做出指示，或者遗赠或负担仅由一位或几位共同继承人承担），则他们根据第 2046 条第 2 款只能要求用他们在遗产分割时所分得的标的清偿债务。这种情况下债务清偿也必须在分割之前完成。[6] 如果这些共同继承人仅仅在内部关系，而不在外部关系中单独承担债务责任，则其余共同继承人可以根据第 2046 条第 1 款第 1 句话要求用全部遗产清偿债务。[7] 如

---

[1] 参见科布伦茨地方高级法院判决，载 MDR 2009 年版，第 150 页。

[2] 参见 MüKo/*Ann* 对 BGB 第 2046 条的注解，段落边号 11。

[3] 参见 MüKo/*Ann* 对 BGB 第 2046 条的注解，段落边号 11；Soergel/*Wolf* 对 BGB 第 2046 条的注解，段落边号 5。

[4] 译者注：均衡义务见 BGB 第 2050 条以下。

[5] 参见柏林地方高级法院判决，载《地方高级法院民事判决》第 9 卷、第 389 卷、第 390 卷。策勒地方高级法院在其判决中——载 FamRZ 2003 年版，第 1224 页、第 1226 页——另外主张，如果一位共同继承人基于 BGB 第 812 条（返还请求权）第 1 款第 1 句话第 2 种条件对继承人共同体有偿还义务时，才可以类推应用第 2046 条第 1 款第 2 句话。而 *Schindler*——载 FamRZ 2004 年版，第 139 页、第 141 页以下——主张［第 2046 条第 1 款第 2 句话］可以直接类推适用。

[6] 参见《帝国法院民事判决》第 95 卷，第 325 页、第 327 页以下；联邦普通法院判决，载 NJW 1953 年版，第 501 页；MüKo/*Ann* 对 BGB 第 2046 条的注解，段落边号 13。

[7] 参见 *Kretzschmar*，载《萨克森自由州司法档案》1908 年版，第 129 页、第 131 页；Staudinger/*Werner* 对 BGB 第 2046 条的注解，段落边号 6。

果个别几位共同继承人与之相反，还单独在外部关系中承担债务责任，例如出于遗赠或负担，则其余共同继承人没有早于此前的债务清偿请求权。[1]

（四）遗产的利用（第 3 款）

5　　为清偿遗产债务，遗产根据第 2046 条第 3 款须在必要限度内变换为金钱。此外，首先要选择应折价的遗产标的。以遗产分割由共同继承人负责为限，选择遗产标的首先依照共同继承人的约定。联邦普通法院认为，选择遗产标的，按照 BGB 第 2038 条第 2 款第 1 句话、第 745 条[2] 第 1 款，也可以通过多数决议实现。[3] 与之相反，有学说认为选择遗产标的始终要所有共同继承人同意。[4] 和基于第 2038 条的观点相对，有观点认为该条涉及的不是遗产分割措施而是遗产管理措施。此处关键不是有序管理而是**有序折价**。[5] 而有序折价在法律中没有更进一步规定。如果共同继承人未能达成合意或由遗嘱执行人完成分割，选择被折价遗产标的基于的前提是对该标的折价符合诚实信用原则（BGB 第 242 条[6]）。这其中一个基本标准是折价的**经济性**，另外，共同继承人的非物质利益也能起作用。不得已时必须抽签决定（第 752 条[7] 第 2 句话，类推应用）。[8] 哪位

---

〔1〕　参见 *Eberl－Borges*［著］，第 205 页以下。

〔2〕　译者注：BGB 第 2038 条标题为" 遗产的共同管理"；第 745 条标题为"通过决议管理和使用［共同标的］"。

〔3〕　参见联邦普通法院判决，载 NJW 1965 年版，第 343 页、第 345 页。

〔4〕　参见 MüKo/*Ann* 对 BGB 第 2046 条的注解，段落边号 15；参见 *Brox/Walker*:《继承法》，段落边号 526；Staudinger/*Werner* 对 BGB 第 2046 条的注解，段落边号 17 以下；Soergel/*Wolf* 对 BGB 第 2046 条的注解，段落边号 8。

〔5〕　参见 *Lange/Kuchinke*［著］，§ 44 III 6。

〔6〕　译者注：BGB 第 242 条标题为"依诚实信用给付"。

〔7〕　译者注：BGB 第 752 条标题为"原物分割"。

〔8〕　参见 *Eberl－Borges*［著］，第 208～215 页。

共同继承人对折价提出异议，必须对其就同意折价起诉。[1] 共同继承人不得通过行使留置权而阻止对遗产标的折价，直到其在遗产上花费的补偿请求权被满足。[2]

折价本身根据第 2042 条第 2 款、第 755 条第 3 款、第 753 条通过对动产及债权的质物变卖（或根据第 754 条[3] 收取债权）或通过强制拍卖不动产（参见第 2042 条段落边号 14）。　6

（五）共同继承人作为遗产债权人

如果一位共同继承人同时是遗产债权人，他可以和任何其他遗产债权人一样要求其债权在遗产分割前被清偿。[4] 但根据诚信原则（BGB 第 242 条）可以产生例外。因此，如果对某共同继承人在遗产清算时是否无须补资有疑问，或者目前尚无流动资金而可以要求该共同继承人期待时，则该共同继承人的债权可能需要被搁置。[5] 如果继承人共同关系仅由二位共同继承人组成，则其中一位对另一位也可以在分割前仅就此位已共同继承的部分主张遗产债权。[6]　7

---

〔1〕　参见 MüKo/*Ann* 对 BGB 第 2046 条的注解，段落边号 14；参见 Staudinger/*Werner* 对 BGB 第 2046 条的注解，段落边号 17；Soergel/*Wolf* 对 BGB 第 2046 条的注解，段落边号 8。

〔2〕　见帝国法院判决，载 WarnRspr，1910 年第 141 号。

〔3〕　译者注：BGB 第 754 条标题为"共同债权的出卖"。

〔4〕　参见《帝国法院民事判决》第 93 卷，第 197 页；联邦普通法院判决，载 NJW 1953 年版，第 501 页；萨尔布吕肯地方高级法院判决，载 NJW-RR 2007 年版，第 1659 页以下（关于先取遗赠）；MüKo/*Ann* 对 BGB 第 2046 条的注解，段落边号 4；*Dütz*，载 NJW 1967 年版，第 1105 页、第 1110 页；Staudinger/*Werner* 对 BGB 第 2046 条的注解，段落边号 8；Soergel/*Wolf* 对 BGB 第 2046 条的注解，段落边号 6；不同观点见慕尼黑地方高级法院判决，载《地方高级法院在民法领域的判决》第 21 卷，第 314 页、第 315 页。

〔5〕　参见 *Eberl-Borges*〔著〕，第 221~226 页，包括其他案例组。

〔6〕　联邦普通法院判决，载 NJW 1953 年版，第 501 页；Palandt/*Weidlich* 对 BGB 第 2046 条的注解，段落边号 4；Soergel/*Wolf* 对 BGB 第 2046 条的注解，段落边号 6。

8　　如果共同继承人债权人[1]的债权以共同继承人共同关系（比如根据第2038条第2款第1句话结合第748条[2]的花费补偿请求权）为基础，则继承人共同体在共同继承人债权人就具体、待实行的分割措施未完成合作义务时可以根据第273条[3]第1款主张**留置权**。[4]因遗产债权被涉及的共同继承人债权人的留置权，根据通行的观点反而一般应该排除。[5]关于共同继承人作为遗产债务人的法律地位，另见对BGB第2039条[6]的注解，段落边号6~8。

9　　对一位共同继承人基于共同关系的债权，适用第2042条第2款结合第756条[7]（另参见对BGB第2042条的注解，段落边号15）。

10　　共同继承人债权人可以对其他共同继承人提起第2058条[8]规定的连带债务诉讼（另参见对第2058条的注解，段落边号25~29）及第2059条第2款规定的公同诉讼（另参见对第2058条的注解，段落边号30~34）。[9]如果仅个别共同继承人对上

---

　[1]　译者注：即继承人共同关系中的或者作为共同继承人的债权人，和遗产债权人不同。

　[2]　译者注：BGB第748条标题为"［共同关系人］负担和费用的承担"。

　[3]　译者注：BGB第273条标题为"［债务人］留置权"。

　[4]　参见*Eberl – Borges*［著］，第228页以下；另参见*Dütz*，载NJW 1967年版，第1105页、第1110页；Soergel/*Wolf*对BGB第2046条的注解，段落边号6。

　[5]　参见帝国法院判决，载WarnRspr, 1910年第141号；Soergel/*Wolf*对BGB第2046条的注解，段落边号6；不同观点见MüKo/*Ann*对BGB第2046条的注解，段落边号6。

　[6]　译者注：BGB第2039条标题为"遗产债权"。

　[7]　译者注：BGB第756条标题为"共同关系人债务的清偿"。

　[8]　译者注：BGB第2058条标题为"连带债务人责任"。

　[9]　参见MüKo/*Ann*对BGB第2046条的注解，段落边号8；*Kipp/Coing*［著］，§ 117 I 5；Soergel/*Wolf*对BGB第2046条的注解，段落边号6；不同观点见《帝国法院民事判决》第93卷，第197页（其认为共同继承人债权人仅仅可以提起公同诉讼）。

述请求权有争议，则仅他们应被起诉。[1]

三、其他实用性提示

关于偿还遗产债务的特殊条款包括《农庄继承法》（HöfeO）
第 15 条[2]第 2~3 款及 GrdstVG 第 16 条第 2 款，关于法院判决
分配农庄的特殊条款见 GrdstVG 第 13 条以下（农庄分配程序参
见第 2042~2057a 条总论，段落边号 31 以下）。

11

---

〔1〕 参见帝国法院判决，载 JW，1929 年版，第 584 页、第 585 页。

〔2〕 译者注：HöfeO 第 15 条标题为"遗产债务"。

第七章　德国民法典第 2047 条
剩余的分配

BGB 第 2047 条法条条文

（1）遗产债务清偿之后所剩的盈余按应继份比例归属于继承人。

（2）与被继承人个人状况、其家庭或全部遗产有关的文书仍属共有。

一、概述

1　　BGB 第 2047 条第 1 款规范了个别共同继承人对与其应继份相应的遗产分割存量部分的原请求权。根据 BGB 第 2046 条，清偿遗产债务后所剩［遗产］盈余属于公同财产，应移转至共同继承人自有财产中。对分割本身，如果共同继承人未另作约定及被继承人未做其他指示，准用第 2042 条第 2 款，第 752～754 条[1]（见对第 2042 条的注解，段落边号 13 以下）。根据第 2047 条第 2 款，所谓文书被排除在分割标的之外，因为共同继

---

〔1〕　译者注：BGB 第 752 条标题为"原物分割"；第 753 条标题为"通过出卖分割"；第 754 条标题为"共同债权的出卖"。

承人出于证据的目的及思想精神角度而关注文书。[1] 该条款旨在保证文书受到保护及所有共同继承人都能获取该文书。[2]

二、法条内容

(一) 拥有剩余中份额的债权请求权 (第 1 款)

1. 剩余

剩余 (即被分割财产) 由清偿遗产债务后仍然剩余的积极遗产财产构成。该财产必须根据遗产分割的目的分别估价。[3] 估价结果根据第 2055 条第 1 款第 2 句话加上所有应由共同继承人为均衡所做的给予,并且根据第 2057a 条[4] 第 4 款第 2 句话减去所有因晚辈直系血亲的特殊给付而产生的均衡额。从如此确定的价额中才可以计算应分给各共同继承人的份额。

2. 分割比例

决定分割比例的首先是继承份额。如果一位共同继承人根据第 2055 条以下须均衡被继承人 [对其做出] 的给予,则根据第 2055 条第 1 款第 1 句话,给予的价值从由该共同继承人继承份额所得出的数额[5] 中扣除。因特殊给付而产生的均衡额,则根据第 2057a 条第 4 款第 1 句话加入这一数额。如果个别共同继承人仍对继承人共同体有债务或债权,则债务或债权同样需要从相关份额中减去或者加入相关份额。[6] 因此分割份额和继承

---

[1] 参见《德意志帝国民法典草案起草缘由》第 5 卷,第 691 页。

[2] 参见 Soergel/*Wolf* 对 BGB 第 2047 条的注解,段落边号 5。

[3] 另参见 *Meincke*:《德国民法典中的遗产估价权》,1973 年版。

[4] 译者注:BGB 第 2055 条标题为 "均衡的实行";第 2057a 条标题为 "对一位晚辈直系血亲特殊给付的均衡义务"。

[5] 译者注:"数额 (Anteil)" 直译应译为 "份额"。

[6] 参见《联邦普通法院民事判决》第 96 卷,第 174 页,第 179 页;*MüKo/Ann* 对 BGB 第 2047 条的注解,段落边号 5;*Lange/Kuchinke* [著],§ 44 IV 第 4 页以下。

份额常有偏差。共同继承人也可以通过约定的形式来另行确定分割份额。[1]

（二）文书分割的排除（第2款）

4　　共同继承人根据第2047条第2款不能要求分割与被继承人个人状况（例如其生活回忆）、其家庭（例如家庭文书）或全部遗产（例如有关遗产管理、分割的文件以及死因处分和共同继承证明）[2]有关的文书。但第2047条第2款并未从法律上禁止遗产分割，共同继承人反而可以通过合意就所谓文书的分割达成协议。[3]文书如果不分割，则文书归共同继承人公同共有。[4]文书管理及使用仍以第2038条、第745条[5]为准。每位共同继承人都有权利审阅文书及恰如其分地使用文书。

5　　第2047条第2款也适用于有财产价值或流通价值的文书，[6]但不适用所有的家庭回忆文书，尤其是家庭肖像（另参见第2373条[7]第2句话）。

三、其他实用性提示

6　　对遗产债务清偿后剩余份额的请求权自身既不能单独转让

---

〔1〕　参见 Soergel/*Wolf* 对 BGB 第 2047 条的注解，段落边号 3。

〔2〕　参见 MüKo/*Ann* 对 BGB 第 2047 条的注解，段落边号 8；RGRK/*Kregel* 对 BGB 第 2047 条的注解，段落边号 5。

〔3〕　参见 MüKo/*Ann* 对 BGB 第 2047 条的注解，段落边号 8；Soergel/*Wolf* 对 BGB 第 2047 条的注解，段落边号 5。

〔4〕　目前有争议，参见 MüKo/*Ann* 对 BGB 第 2047 条的注解，段落边号 9，包括更多例证。

〔5〕　译者注：BGB 第 2038 条标题为"遗产的共同管理"；第 745 条标题为"通过决议管理和使用［共同标的］"。

〔6〕　参见 Erman/*Schlüter* 对 BGB 第 2047 条的注解，段落边号 3。

〔7〕　译者注：BGB 第 2373 条标题为"剩余给［遗产］出卖人的部分"。

也不能单独抵押。[1] 如果一位共同继承人希望在遗产分割前兑现自己应继份的价值，他根据第 2033 条[2] 第 1 款有转让应继份的可能。[3]

---

　　[1]　参见《帝国法院民事判决》第 60 卷，第 126 页、第 131 页以下；Soergel/ *Wolf* 对 BGB 第 2047 条的注解，段落边号 4。

　　[2]　译者注：BGB 第 2033 条标题为"共同继承人的处分权"。

　　[3]　关于质权人对于应继份就遗产债务清偿后剩余的法律地位，参见 Soergel/ *Wolf* 对 BGB 第 2033 条的注解，段落边号 19。

第八章　德国民法典第 2048 条
被继承人的分割指示

BGB 第 2048 条法条条文

[1]被继承人可以通过终意处分对遗产分割做出指示。[2]他尤其可以指示，遗产分割应按第三人的公平裁量进行。[3]如果第三人因该指示所作的规定显失公平，则该规定对继承人无约束力；此情况下，规定依判决为之。

参考文献

Beck："分割指示的界限"，载 DNotZ 1961 年版，第 565 页；

Benk："分割指示、先取遗赠及受让权"，载 MittRhNotK 1979 年版，第 53 页；

Bürger："继承法中特殊给予的新界限"，载 MDR 1986 年版，第 445 页；

Coing："先取遗赠与分割指示"，载《法学家报》(JZ) 1962 年版，第 529 页；

Diekmann："对'价值位移'的分割指示之注解"，载《科英纪念文集》第 2 卷，1982 年版，第 53 页；

Eberl–Borges：《遗产分割》，2000 年版，第 60 页以下、第 115～119 页；

Eidenmüller："先取遗赠与分割指示"，载《法学工作报》（JA）1991 年版，第 150 页；

Emmerich，*P.*："分割指示与先取遗赠"，载《联邦普通法院民事判决》第 36 卷，JuS 1962 年版，第 115 页、第 269 页；

Gergen："施惠及施惠意愿作为先取遗赠与分割指示的界限"，载 ZErb 2006 年版，第 362 页；

Grunsky："分割指示与先取遗赠的界限"，载 JZ 1963 年版，第 250 页；

Loritz："分割指示与先取遗赠"，载 NJW 1988 年版，第 2697 页；

Mattern："出于死因的单独分配"，载 DNotZ 1963 年版，第 450 页；

Muscheler："分割指示与先取遗赠"，载 ErbR 2008 年版，第 105 页；

Natter："分割指示与遗赠"，载 JZ 1959 年版，第 151 页；

Schlinker："共同继承人因分割指示的均衡请求权"，载《法学观察》（JR）2010 年版，第 93 页；

Siegmann："'比例过大的'分割指示与分割拍卖"，载 ZEV 1996 年版，第 47 页。

一、概述

被继承人不仅可以对遗产管理做出指示[1]、拒绝[2]遗产 1
分割或增加分割难度（见 BGB 第 2044 条），也可以通过所谓遗

---

[1] 参见 Staudinger/*Werner* 对 BGB 第 2048 条的注解，段落边号 10。

[2] 译者注：即排除。

产分割指示[1]根据 BGB 第 2048 条影响其实施。第 2048 条以遗嘱自由为基础：被继承人不仅可以指定继承人，还可以确定共同继承人应如何最终分配遗产。[2]

二、法条内容

（一）被继承人的遗产分割指示（第 1 句话）

1. 可能出现的内容

2　　关于遗产分割的指示可以差别迥异。被继承人可以将若干遗产标的分配给一位共同继承人[3]或将遗产完全分给所有共同继承人（原本的分割指示）。被继承人可以指示，遗产债务，例如特留份请求权［对应的债务］，在［共同继承人］内部关系中仅由共同继承人中的一人承担，[4]可以根据 BGB 第 2050 条[5]作出关于均衡的规定。如第 2048 条第 2 句话、第 3 句话明确规定，被继承人也可以将遗产分割移交给第三人（见下文段落边号 14~18）。此外，被继承人可以为遗产分割设立仲裁法庭（见第 2042~2057a 条总论，段落边号 28~30）。[6]

---

　　〔1〕 参见 MüKo/*Ann* 对 BGB 第 2048 条的注解，段落边号 2；Erman/*Schlüter* 对 BGB 第 2048 条的注解，段落边号 1；更常用但范围过窄的名称为"分割指示"，该名称也用在 BGB 第 2306 条第 1 款第 1 句话中。

　　〔2〕 参见 MüKo/*Ann* 对 BGB 第 2048 条的注解，段落边号 1；Soergel/*Wolf* 对 BGB 第 2048 条的注解，段落边号 1。

　　〔3〕 根据 Staudinger/*Werner* 对 BGB 第 2048 条的注解，段落边号 6，此为遗产分割指示最常见的形式。如果遗产分割指示涉及房屋所属地产，则指示也可能旨在依据《住宅所有权法》（WEG）使住宅所有权成立。参见联邦普通法院判决，载 DNotZ 2003 年版，第 56 页、第 57 页。

　　〔4〕 参见联邦普通法院判决，载 LM 对 BGB 第 138 条的注解［Cd］2 号。

　　〔5〕 译者注：BGB 第 2050 条标题为"晚辈直系血亲作为法定继承人的均衡义务"。

　　〔6〕 参见 MüKo/*Ann* 对 BGB 第 2048 条的注解，段落边号 6 以下；Soergel/*Wolf* 对 BGB 第 2048 条的注解，段落边号 4 以下，且分别包括更多举例。

　　一位被设立为[1]继承人的特留份权人，如果［其继承］　3
通过分割指示受到限制，其根据第 2306 条[2]第 1 款有一个选
择权：他可以接受遗产（包括限制）；但他也可以拒绝遗产并且
要求其特留份（参见对第 2306 条注解中段落边号 14 以下）。[3]

　　2. 指示的基础（第 1 句话）

　　分割根据第 2048 条第 1 句话通过终意处分，即通过遗嘱实　4
现，也可以通过共同遗嘱中非相互依存的处分（第 2270 条[4]
第 3 款）或单方[5]在继承合同（见第 2278 条第 2 款、第 2299
条[6]）中实现。[7]设立继承人不一定非和分割指示有关，也
就是说，指示也可以针对法定继承。

　　3. 分割指示的效果

　　遗产分割指示**仅从债权上对共同继承人之间的相互关系**发　5
生作用，**不产生物权分配**的结果，尤其不使对个别遗产标的的
特殊继承成立。[8]被分配的标的更确切地说是首先要从公同财
产中移转给有关共同继承人，移转时需要注意有关格式的条款，

---

　　〔1〕　译者注：原文直译应为"被委任为"。

　　〔2〕　译者注：BGB 第 2306 条标题为"［对继承人的］限制与负担的加重"。

　　〔3〕　根据 2010 年前适用的旧版第 2306 条第 1 款第 1 句话，分割指示对于所受
遗产少于或等于其法定应继份一半的特留份权人无效。另参见联邦普通法院判决，
载 NJW-RR 1990 年版，第 391 页、第 393 页。

　　〔4〕　译者注：BGB 第 2270 条标题为"相互依存的处分"。

　　〔5〕　参见联邦普通法院判决，载 NJW 1982 年版，第 441 页以下。

　　〔6〕　译者注：BGB 第 2278 条标题为"许可的合于合同的处分"；第 2299 条标
题为"单方处分"。

　　〔7〕　参见 MüKo/Ann 对 BGB 第 2048 条的注解，段落边号 5；参见 Erman/
Schlüter 对 BGB 第 2048 条的注解，段落边号 1；Soergel/Wolf 对 BGB 第 2048 条的注
解，段落边号 11。

　　〔8〕　参见《帝国法院民事判决》第 110 卷，第 270 页、第 274 页；《帝国法院
民事判决》第 170 卷，第 163 页、第 170 页；联邦普通法院判决，载 DNotZ 2003 年
版，第 56 页、第 57 页；MüKo/Ann 对 BGB 第 2048 条的注解，段落边号 9；Soergel/
Wolf 对 BGB 第 2048 条的注解，段落边号 2。

例如遗产土地转让时，要遵守 BGB 第 873 条、第 925 条[1]。分割指示也不包括处分限制（BGB 第 137 条[2]第 2 句话）。

6　　　　分割指示在债权上对共同继承人基本有约束力（即使共同继承人可以通过合意而不受分割指示约束，参见下文段落边号 19），[3]也就是说，有分配权的共同继承人可以要求分配，也必须对分配作为分配接受[4]并将分配［标的］按相应价值折抵其应继份。但被继承人也可以让共同继承人决定是否接收遗产标的（**所谓接收权**；第 2049 条[5]规定有接收权的特殊情况）。这种情况下，被继承人给予共同继承人一种形成权，只有共同继承人表示愿意利用自己的接收请求权，才能使移转请求权成立。[6]

　　　　4. 与其他形成形式的区别

7　　　　由于效果不同，遗产分割指示须和其他的被继承人处分加以区分。但区分经常会很困难。遗嘱及继承合同中仅出现分割指示或遗产分割指示这一名称，并不是对其进行解释的关键。[7]

---

　　　〔1〕　译者注：BGB 第 873 条标题为"通过合意与登记取得"；第 925 条标题为"关于转移土地所有权的合意"。

　　　〔2〕　译者注：BGB 第 137 条标题为"法律行为上的处分禁止"。

　　　〔3〕　参见联邦普通法院判决，载 FamRZ 1987 年版，第 475 页、第 476 页；联邦普通法院判决，载 NJW-RR 1990 年版，第 1220 页、第 1221 页。

　　　〔4〕　参见 *Brox/Walker*：《继承法》，段落边号 524。

　　　〔5〕　译者注：BGB 第 2049 条标题为"农场的接收"。

　　　〔6〕　参见 *MüKo/Ann* 对 BGB 第 2048 条的注解，段落边号 10；*Kipp/Coing*［著］，§ 44 II 2；jurisPK-BGB/*Schütte*（《德国民法典 jurisPK 注解》/注解人 *Schütte*）对 BGB 第 2048 条的注解，段落边号 9；Soergel/*Wolf* 对 BGB 第 2048 条的注解，段落边号 4。

　　　〔7〕　参见 *MüKo/Ann* 对 BGB 第 2048 条的注解，段落边号 4；另参见巴伐利亚州高级法院判决，载 FamRZ 1985 年版，第 312 页、第 314 页。

（1）分割指示与继承人指定

分割指示作为指示，不能产生共同继承人所得份额比应继 8
份多或者少的效果。[1] 分割指示仅仅规定遗产中有哪些标的应
给予一位共同继承人而不对其在价值上予以优待。被分配的标
的从价值上折抵该共同继承人的应继份。[2] 当一位共同继承人
通过分割指示所得标的从价值上超过了其应继份时，则该共同
继承人必须为其他共同继承人提供均衡。[3] 如果该共同继承人
所得标的价值本应超过应继份且无均衡义务，则不存在分割指
示，而属于根据不同遗产标的价值[4] **按不同比例指定继承人**或
属于先取遗赠（另参见段落边号 10～13）。

（2）遗产分割指示与义务

如果被继承人希望悖于共同继承人的合意实行自己的指示， 9
则属于由所有共同继承人承受的负担；该负担不以给予为前提，
并且不给受益人直接的给付请求权（BGB 第 1940 条、第 2192
条[5] 以下）。每位共同继承人因此都有义务向其余的共同继承
人要求执行被继承人指示（参见 BGB 第 2194 条[6]）。共同继
承人的其他处分在这种情况下也有效，因为负担同样仅产生债

---

〔1〕　参见帝国法院，载 DR 1942 年版，第 977 页、第 978 页。

〔2〕　参见 Soêrgel/*Wolf* 对 BGB 第 2048 条的注解，段落边号 2。

〔3〕　参见 Soergel/*Wolf* 对 BGB 第 2048 条的注解，段落边号 6。

〔4〕　参见联邦普通法院判决，载 NJW–RR 1990 年版，第 391 页、第 392 页；
MüKo/*Ann* 对 BGB 第 2048 条的注解，段落边号 13；*Eidenmüller*，载 JA 1991 年版，第
150 页、第 151 页以下；*Loritz*，载 NJW 1988 年版，第 2697 页、第 2705 页；Soergel/
Wolf 对 BGB 第 2048 条的注解，段落边号 8。

〔5〕　译者注：BGB 第 1940 条标题为"负担"；第 2192 条标题为"可适用［于
负担］的条款"。

〔6〕　译者注：BGB 第 2194 条标题为"执行［负担］请求权"。

权上的效果。[1]

(3) 分割指示与先取遗赠

10　　分割指示与先取遗赠（第 2150 条[2]）的区分一般比较困难，另外，被继承人的一个处分可以同时既是分割指示又是先取遗赠。[3]

11　　分割指示时，被继承人已给予一位共同继承人的遗产标的完全折抵其应继份（见段落边号 8）。分割指示仅限于进行遗产分割，对该共同继承人不应从财产上比对其他共同继承人优惠。[4]与此相对，如果相对于其他共同继承人而言，［被继承人］给该共同继承人带来价值上的利益或其他特殊的法律利益，例如接收权，[5]就属于先取遗赠。分配一个遗产标的，如果其价值在分配其余遗产时不考虑，反而应使［获取］该［标的的］共同继承人处于和假如已将该标的给予第三人时的情形一样，就可以认为是先取遗赠。[6]区分分割指示与先取遗赠时，法院判决目前认为起关键决定作用的是被继承人是否希望优待该共同继

---

　　〔1〕 参见《联邦普通法院民事判决》第 40 卷，第 115 页、第 117 页；Soergel/*Wolf* 对 BGB 第 2048 条的注解，段落边号 2。

　　〔2〕 译者注：BGB 第 2150 条标题为"先取遗赠"。

　　〔3〕 参见《联邦普通法院民事判决》第 36 卷，第 115 页、第 116 页以下；Soergel/*Wolf* 对 BGB 第 2048 条的注解，段落边号 8 以下；另参见 *Loritz*，载 NJW 1988 年版，第 2697 页、第 2702 页。

　　〔4〕 参见 MüKo/*Ann* 对 BGB 第 2048 条的注解，段落边号 17；Erman/*Schlüter* 对 BGB 第 2048 条的注解，段落边号 4。

　　〔5〕 参见《联邦普通法院民事判决》第 36 卷，第 115 页、第 117 页；Soergel/*Wolf* 对 BGB 第 2048 条的注解，段落边号 8；另参见联邦普通法院判决，载 NJW-RR 1990 年版，第 1220 页；NJW 1995 年版，第 721 页；*Loritz*，载 NJW 1988 年版，第 2697 页、第 2705 页。根据 BGB 第 1939 条［遗赠］无论如何必须涉及财产上的利益。

　　〔6〕 参见《联邦普通法院民事判决》第 36 卷，第 115 页、第 118 页以下；纽伦堡地方高级法院判决，载 MDR 1974 年版，第 671 页、第 672 页；*Loritz*，载 NJW 1988 年版，第 2697 页、第 2704 页；*Schlüter*：《继承法》，段落边号 898。

承人，特别是从财产方面。[1] 根据一般的继承法解释规则来确定（真实或假定的）优待意思（另参见第 2084 条注解中段落边号 3、5 以下）。[2] 其中要考虑，分别采用不同条款所产生的不同法律效果（另见段落边号 13）是否符合被继承人的既定目标。[3]

　　如果被继承人希望将价值高于继承份额的一个标的完全给予某共同继承人，则可以认为该标的（至少价值高出的部分）为一份先取遗赠。[4] 这样一种解释也有可能：继承比例按财产利益价值和遗产价值的比值，从百分比上加以确定（见上文段落边号 8）。如共同继承人按被继承人意思应该用自己的财产对多出的价值进行均衡时，可以认为是分割指示。[5] 只有共同继承人自愿做出上述均衡，分割指示才有意义，因为被继承人不 12

---

〔1〕　参见《联邦普通法院民事判决》第 36 卷，第 115 页、第 118 页；联邦普通法院判决，载 FamRZ1995 年版，第 228 页；*Schlinker*，载 JR 2010，第 93 页以下；*Gergen* 认为不同情况应区别对待，载 ZErb 2006 年版，第 362 页、第 369 页，包括和对上述观点批评意见的论战，载 ZErb 2006 年版，第 366～369 页。

〔2〕　参见联邦普通法院判决，载 FamRZ 1987 年版，第 475 页以下；载 NJW-RR 1990 年版，第 391 页、第 392 页；载 ZEV 1998 年版，第 23 页以下；另参见科布伦茨地方高级法院判决，载 FamRZ 2006 年版，第 292 页、第 293 页。

〔3〕　参见 *Loritz*，载 NJW 1988 年版，第 2697 页、第 2703 页；Erman/*Schlüter* 对 BGB 第 2048 条的注解，段落边号 5。

〔4〕　参见联邦普通法院判决，载 FamRZ 1984 年版，第 688 页、第 689 页；1985 年版，第 62 页、第 63 页，包括 *Rudolf* 的评注；法兰克福地方高级法院判决，载 NJW-RR 2008 年版，第 532 页、第 533 页；*Mattern*，载 DNotZ 1963 年版，第 450 页、第 463 页；Erman/*Schlüter* 对 BGB 第 2048 条的注解，段落边号 6，包括更多例证；Soergel/*Wolf* 对 BGB 第 2048 条的注解，段落边号 8；另参见 *Muscheler*，载 ErbR 2008 年版，第 105 页、第 109 页；*Klinger/Roth*，载 NJW 特刊 2008 年版，第 263 页、第 264 页。

〔5〕　参见联邦普通法院判决，载 FamRZ 1984 年版，第 688 页、第 689 页；NJW-RR 1992 年版，第 772 页、第 774 页；Soergel/*Wolf* 对 BGB 第 2048 条的注解，段落边号 8。

能让共同继承人以超出遗产范围之外的私人财产承担责任。[1]
就先取遗赠与分割指示的区别另参见对第 2150 条的注解，段落
边号 11 以下。

13   ［将被继承人处分］作为遗产分割指示还是作为先取遗赠，
在很多方面都产生不同效果：只有遗赠能被拒绝（第 2180 条[2]），
遗赠受继承合同效力约束（第 2278 条第 2 款、第 2288 条[3]）
或共同遗嘱相互依存性的限制（第 2270 条[4]第 3 款），并且
（根据 BGB 第 1991 条第 4 款、第 1992 条结合 InsO 第 327 条[5]
第 1 款第 2 项与 BGB 第 2046 条以下相比）可能级别序位较高。
通过分割指示分配的标的在继承人责任有限时属于承担责任的
遗产，相反，先取遗赠的，使受遗赠人已经取得的标的却不属
于，尽管有 InsO 第 322 条、《关于在破产程序外撤销债务人法律
上行为法》（AnfG）第 4 条[6]的规定。通过分割指示分配的标
的属于后位继承人支配，先取遗赠如有疑问时不属于（第 2110
条[7]第 2 款）。但这些差别，除约束效果外，都可以通过死因

---

〔1〕 参见联邦普通法院判决，载 ZEV 1996 年版，第 70 页、第 71 页，包括
Kummer 的注解；涂林根地方高级法院判决，载 FamRZ 2009 年版，第 458 页、第 459
页；MüKo/*Ann* 对 BGB 第 2048 条的注解，段落边号 17；*Gottwald*，载 ErbR 2007 年版，
第 11 页、第 14 页；Bamberger/Roth/*Lohmann* 对 BGB 第 2048 条的注解，段落边号 4；
Siegmann，载 ZEV 1996 年版，第 47 页、第 48 页；不同观点见 *Schlinker*，载 JR 2010
年版，第 93 页、第 95 页以下；另参见 *Eidenmüller*，载 JA 1991 年版，第 150 页、第
155 页；Soergel/*Wolf* 对 BGB 第 2048 条的注解，段落边号 8（以自愿的均衡支付作为
停止条件的分割指示）。

〔2〕 译者注：BGB 第 2180 条标题为"［遗赠的］接受和拒绝"。

〔3〕 译者注：BGB 第 2288 条标题为"对受遗赠人的损害"。

〔4〕 译者注：BGB 第 2270 条标题为"相互依存的处分"。

〔5〕 译者注：BGB 第 1991 条标题为"财产欠缺抗辩权的后果"；第 1992 条标
题为"因遗赠和负担而负债过重"；InsO 第 327 条标题为"次级债务"。

〔6〕 译者注：InsO 第 322 条标题为"继承人的可撤销的法律上行为"；AnfG 第
4 条标题为"无偿的给付"。

〔7〕 译者注：BGB 第 2110 条标题为"后位继承权的范围"。

处分消除。[1]

(二) 按第三人的公平裁量而进行的遗产分割 (第 2 句话、第 3 句话)

被继承人可以根据第 2048 条第 2 句话使遗产分割通过第三人 14
的公平裁量来进行。第三人也可以是共同继承人或遗嘱执行人。

第三人制定分割方案,并且其不受法定分割规则的约束。 15
但计划在〔遗产〕债务清偿之前分割遗产的分割方案显然有失
公平。另外,第三人也不能随意确定分割比例。

分割方案通过第三人的表示而对共同继承人具有约束力。[2] 16
该表示属于单方的、需接受的、应向全体共同继承人作出的意
思表示,[3] 没有形式上的要求,也无须经过同意。满足这些前
提后,分割方案在共同继承人之间发生债权上的效果:他们互相
有义务按分割方案进行分割。[4]

第三人的分割方案**明显不公平**时,则方案根据第 2048 条第 17
3 句话前半句对共同继承人无约束力。一条规定如果缺乏合理基
础,且不合理性对于各相关领域的专业人士表现都很明显,则
该规定属于明显不公平。[5] 例如,第三人指示以不合理低价出
售一块土地时,就是明显不公平。[6] 共同继承人可在这种情况

---

〔1〕 另参见 *Mattern*,载 DNotZ 1963 年版,第 450 页、第 455 页。

〔2〕 参见 BGB 第 315 条 (由当事人一方确定给付) 第 2 款;参见 MüKo/
Würdinger (《德国民法典慕尼黑注解》/注解人 *Würdinger*) 对 BGB 第 315 条的注解,
段落边号 34,对 BGB 第 318 条 (确定的撤销) 的注解,段落边号 1。

〔3〕 参见 *Eberl−Borges*〔著〕,第 116 页以下。

〔4〕 参见 MüKo/*Ann* 对 BGB 第 2048 条的注解,段落边号 19;Staudinger/*Werner*
对 BGB 第 2048 条的注解,段落边号 14。

〔5〕 参见罗斯托克地方高级法院判决,载《地方高级法院在民法领域的判决》
第 36 卷,第 242 页;Soergel/*Wolf* 对 BGB 第 2048 条的注解,段落边号 12。

〔6〕 参见《帝国法院民事判决》第 110 卷,第 270 页、第 274 页;Soergel/*Wolf*
对 BGB 第 2048 条的注解,段落边号 12。

下，自行订立遗产分割的约定，或者根据第 2048 条第 3 句话后半句，要求通过法院制定一份分割方案。受理法院于是不受法定分割规则的约束，而根据公平裁量制定遗产分割方案。[1] 第三人不能或不愿制定分割方案或者制定方案迟延的，亦同。共同继承人则可以通过类推应用 BGB 第 319 条[2] 第 1 款第 2 句话后半句向受理法院起诉。[3]

18　　第三人的分割方案不能自己执行，因为第 2048 条没有规定第三人有这一资格。[4] 分割方案反而应由共同继承人来执行。[5] 他们在指定第三人的情形下保留对遗产标的的处分权。[6] 互相之间达成合意的共同继承人因此可以在不遵守第三人遗产分割方案的情况下以其他方式进行分割。[7] 遗产分割方案通过法院判决（第 2048 条第 3 句话后半句）确定的话，亦同。

三、其他实用性提示

（一）法律策略

19　　虽然被继承人的遗产分割指示对共同继承人原则上有约束

---

〔1〕 参见 MüKo/*Ann* 对 BGB 第 2048 条的注解，段落边号 20；Palandt/*Weidlich* 对 BGB 第 2048 条的注解，段落边号 3；Staudinger/*Werner* 对 BGB 第 2048 条的注解，段落边号 15；Soergel/*Wolf* 对 BGB 第 2048 条的注解，段落边号 12。

〔2〕 译者注：BGB 第 319 条标题为"确定的无效；代替"。

〔3〕 参见 Staudinger/*Werner* 对 BGB 第 2048 条的注解，段落边号 16；Soergel/*Wolf* 对 BGB 第 2048 条的注解，段落边号 12；不同观点见 *Kipp/Coing*〔著〕，§118 V 2 d（第 642 页以下）。

〔4〕 参见 *Eberl–Borges*〔著〕，第 118 页；Staudinger/*Werner* 对 BGB 第 2048 条的注解，段落边号 12；Soergel/*Wolf* 对 BGB 第 2048 条的注解，段落边号 12。

〔5〕 参见《帝国法院民事判决》第 110 卷，第 270 页、第 274 页。

〔6〕 参见 MüKo/*Ann* 对 BGB 第 2048 条的注解，段落边号 19；Staudinger/*Werner* 对 BGB 第 2048 条的注解，段落边号 14。

〔7〕 参见 *Kretzschmar*，载《萨克森自由州司法档案》1908 年版，第 153 页、第 155 页脚注 21。

力 （见上文段落边号 6），但共同继承人全体达成合意时，可以不遵守被继承人的分割指示。[1] 即使一个分割指示同时包括一个负担，不同的处分也无论如何有效。如果被继承人针对违背其指示的情况指定有替补继承人 （第 2194 条）[2]，或如果解释表明继承人指定附有不执行分割指示的解除条件，还会产生其他效果。[3] 遗嘱执行人受遗产分割指示的约束 （第 2203 条[4]）。在根据 FamFG 第 363 条[5] 以下的官方调解程序中 （另见第 2042~2057a 条总论、段落边号 22 以下） 也需要遵守遗产分割指示，除非共同继承人一致提出不同申请。

（二） 确定价值

在第 2048 条框架下确定遗产标的价值可以有多重意义：通 **20** 过分割指示不能产生共同继承人所得价值超过与其应继份相应价值的效果。被继承人分配给共同继承人标的的价值如果超过其应继份价值的话，该共同继承人必须向其他共同继承人做出均衡给付 （参见上文段落边号 8、12）。如果该共同继承人本应从价值上受到优待，原则上属于先取遗赠 （参见上文段落边号 11 以下）。第三人的规定可以因价值不均等也明显不公平 （参见上文段落边号 15、17）。

确定 ［遗产标的］ 价值，原则上以客观的现时价值为准。 **21**

---

　〔1〕　参见 *MüKo/Ann* 对 BGB 第 2048 条的注解，段落边号 9；*Soergel/Wolf* 对 BGB 第 2048 条的注解，段落边号 2。

　〔2〕　参见 *Brox/Walker*：《继承法》，段落边号 525；*Ebenroth*：《继承法》，段落边号 791；*MüKo/Ann* 对 BGB 第 2048 条的注解，段落边号 16。译者注：BGB 第 2194 条标题为 “执行 ［负担］ 请求权”。

　〔3〕　参见 《巴伐利亚州高级法院民事判决集录》 第 23 卷，第 149 页、第 151 页；*Lange/Kuchinke* ［著］，§ 44 III 5 e α；*Soergel/Wolf* 对 BGB 第 2048 条的注解，段落边号 2。

　〔4〕　译者注：BGB 第 2203 条标题为 “遗嘱执行人的职责”。

　〔5〕　译者注：FamFG 第 363 条标题为 “［遗产分割调解之］ 申请”。

BGB 第 2049 条所规定的农场价值的确定为例外。对企业价值的确定有多种不同的方法。联邦普通法院 1981 年采用了中间值法：资产价值与［预计］收益价值相加之后除以 2，其中的"好意"，即"使受让人获取所受让企业客户资源的机会"[1]，已包含在［预计］收益价值中。[2]

22   就和分割指示有关的价值均衡的支付，被分配标的价值所参照的时间为可以要求分割指示执行的时间。[3] 就第三人的规定或法庭的替代性规定而言，［被分配标的价值所参照的］时间以作出规定的时间为准。[4]

（三）诉讼权

23   如果一位共同继承人起诉另外一位共同继承人，要求其协助把属于遗产的一块土地转让给自己，则诉讼标的价值等于土地价值减去原告应继份［价值］。[5]

---

　　〔1〕　译者注：关于使受让人于受让企业的同时获得"好意"（goodwill），即获取"所受让企业客户资源的机会"的详细解释，参见 http：//www. unternehmenswert‐gutachten. de/index. htm？/meth_ gw. htm.

　　〔2〕　参见联邦普通法院判决，载 NJW 1982 年版，575 页中对第 2311 条的注解；对各种确定价值方法的批评性论述见 *Barthel*，载 DStR 1993 年版，第 1492 页、第 1603 页；*Barthel*，载 DStR 1994 年版，第 1321 页；*Barthel*，载 DStR 1995 年版，第 343 页；*Niehues*，载 BB 1993 年版，第 2241 页、第 2247 页以下；*Peemöller/Bömelburg*，载 DStR 1993 年版，第 1036 页；*Rosenbaum*，载 DB 1993 年版，第 1988 页；另参见 *Meyer‐Klenk*，载 ErbR 2008 年版，第 311 页、第 314 页以下；就企业价值的确定另参见 *Großfeld*：《公司法中企业与股份价值的确定》，2002 年版。

　　〔3〕　参见科隆地方高级法院，载 ErbR 2008 年版，第 20 页、第 21 页；Palandt/*Weidlich* 对 BGB 第 2048 条的注解，段落边号 5；Soergel/*Wolf* 对 BGB 第 2048 条的注解，段落边号 13。

　　〔4〕　参见 Soergel/*Wolf* 对 BGB 第 2048 条的注解，段落边号 13。

　　〔5〕　参见联邦普通法院判决，载 NJW 1972 年版，第 909 页；Soergel/*Wolf* 对 BGB 第 2048 条的注解，段落边号 13。

第九章　德国民法典第 2049 条
农场的接收

BGB 第 2049 条法条条文

（1）如果被继承人已指示共同继承人之一应有权利接收属于遗产的农场，有疑议时，须认为农场应按收益价额估价。

（2）收益价额根据农场在正当经营情形下按原经营方法可持续提供的纯收益而定。

参考文献

Becker："根据《德国民法典》接收农场"，载 AgrarR 1975 年版，第 57 页；

Becker："德国的农业法公司——确定农业经济企业收益价额之要旨"，载 AgrarR 1994 年版，第 5 页；

Foag："农场的收益价额"，载 RdL 1955 年版第 5 页；

Fritzen："为分配确定收益价格"，载 RdL 1963 年版，第 5 页；

von Garmissen：Dombert/Witt 编著《慕尼黑农业法律师手册》，2011 年版，§ 11 继承法与公司的继承；

Graß：Härtel 编著《农业法律师手册》，2012 年版，第 37 章

农业继承法

Hausmann/Hausmann："农业继承法"，载 Hausmann/Hohloch 编著《继承法手册》，2010 年第 2 版，第 24 章；

Köhne："农业企业的收益价额"，载 AgrarR 1984 年版，第 57 页；

Köhne："农业中企业评估的视角"，载 AgrarR 1998 年版，第 155 页；

Köhne："对高效农业企业的优待与特征描述"，载 AUR 2013 年版，第 205 页；

Kempfler："就特留份请求权对农业企业的评估"，载 ZEV 2011 年版，第 337 页；

Meincke：《德国民法典中的遗产评估权》，1973 年版；

Meyer-Klenk："继承法中的企业评估"，载 ErbR 2008 年版，第 311 页；

Mönig：《宪法与法律政策层面上的农业特殊继承权》，2008 年版；

Müller-Feldhammer："农庄移交时的收益估价程序"，载 ZEV 1995 年版，第 161 页；

Piltz：《继承开始、赠与及离婚时农业企业的评估》，1999 年版；

Ruby："农业继承法——概论"，载 ZEV 2006 年版，第 351 页；

Ruby："农业继承法——《德国民法典》中的农场"，载 ZEV 2008 年版，第 263 页；

Sommerfeld："继承权与共同农业政策的改革——尽管一分为二是否在企业评估时考虑国家的给予?"，载《农业与环境法》2006 年版，第 373 页；

Steffen："农业企业的收益价额"，载 RdL 1980 年版，第 143
页；

Steffen："农业企业的收益价额计算"，载 RdL 1988 年版，
第 253 页；

Wöhrmann：《农业继承法》，2011 年第 10 版，第 407 页
以下。

一、概述

一个农场根据 BGB 继承法基本原则［由被继承人］传给继　1
承人时（根据《德国民法典施行法》［EGBGB］第 64 条第 1
款，州立法中的特殊继承权[1]优先），被继承人可以给共同继
承人之一单独接收农场的权利。只有当该继承人因接收［农场］
向其他共同继承人付款，不以无法继续经营农场的程度负债时，
接收才有意义。因为对维持农业家庭中的高效农场存在有公共
利益，BGB 第 2049 条的解释规则因此为评估确定了收益价额，
而未确定更高的现行市价；[2]而对于其他财产价值，特别是企
业和企业股份的财产价值，原则上以实际现行市价为准（参见
对 BGB 第 2048 条的注解，段落边号 21）。与其他共同继承人相
比，对［农场］接收人的优待不违反《德意志联邦共和国基本

---

[1]　另参见 Rißmann 编著，*Hähn* 撰写：《继承人共同关系》，2009 年版，§15
段落边号第 53 以下；jurisPK‐BGB/*Schäfer*（《德国民法典 jurisPK 注解》/注解人
Schäfer）对第 2049 条的注解，段落边号 7。

[2]　参见《联邦宪法法院判决》（BverfGE）第 15 卷，第 337 页、第 342 页；
《联邦宪法法院判决》第 67 卷，第 348 页、第 367 页以下对 BGB 第 1376 条第 4 款的
注解；联邦普通法院判决，载 NJW 1973 年版，第 995 页、第 996 页；MüKo/*Ann* 对
BGB 第 2049 条的注解，段落边号 2。

法》（GG）第 3 条。[1] 计算特留份（BGB 第 2312 条[2]）及财产增加额均衡（第 1376 条[3]第 4 款）适用相应的规则。对计算收益价额本身，第 2049 条第 2 款仅包含有不完整的评估基础。EGBGB 第 137 条规定，州立法者有制定更进一步评估标准的权力。[4]

二、法条内容

（一）农场（第 1 款）

2　　农场（另见 BGB 第 2312 条的注解、段落边号 10～14）是一个适合作为独立经营农业（另参见 BGB 第 585 条第 1 款第 2 句话）[5] 包括饲养牲畜或林业经济[6] 在内的特定经济单位的地产，并设有必要的居住与经营用建筑。该地产必须达到一定规模并且为所有人提供显著的一部分生活费，[7] 而判断这些标

---

〔1〕 参见 BVerfGE 第 67 卷，第 348 页、第 367 页以下对 BGB 第 1376 条第 4 款的注解；另见《联邦普通法院民事判决》第 98 卷，第 375 页、第 379 页。

〔2〕 译者注：BGB 第 2312 条标题为"农场的价额"。

〔3〕 译者注：BGB 第 1376 条标题为"〔夫妻财产制〕初始〔时〕财产与〔夫妻财产制〕终结〔时〕财产价额的确定"。

〔4〕 详见 BverfGE 第 78 卷，第 132 页。

〔5〕 举例见 Rißmann 编著，*Hähn* 撰写：《继承人共同关系》，2009 年版，§15 段落边号 11。译者注：BGB 第 585 条标题为"农业用地用益租赁合同的概念"。

〔6〕 就单纯的林场有争议，参见 Rißmann 编著，*Hähn* 撰写：《继承人共同关系》，2009 年版，§15 段落边号 12，包括更多例证。

〔7〕 参见《联邦普通法院民事判决》第 98 卷，第 375 页、第 377 页以下；联邦普通法院判决，载 NJW 1964 年版，第 1414 页、第 1416 页包括更多例证；联邦普通法院判决，载 NJW-RR 1992 年版，第 770 页；哈姆地方高级法院判决，载 BeckRS 2012 年版，19402 号；慕尼黑地方高级法院判决，载 ZEV 2009 年版，第 301 页；MüKo/*Ann* 对 BGB 第 2049 条的注解，段落边号 3；*Graß*，载 ZEV 2013 年版，第 375 页、第 379 页；*Kempfler*，载 ZEV 2011 年版，第 337 页、第 338 页；*Ruby*，载 ZEV 2007 年版，第 263 页、第 264 页；Soergel/*Wolf* 对 BGB 第 2049 条的注解，段落边号 3。

准是否符合，关键是继承开始的时间。[1]

（二）接收权的给予（第 1 款）

BGB 第 2049 条第 1 款的前提是被继承人给予了一位共同继　3
承人一项接收权（另见对第 2048 条的注解，段落边号 6）。该条
款因此不适用法定的接收权，农场在遗产分割协议中分给一位
共同继承人时同样不适用。但可以约定适用该条款。

接收权必须将农场作为整体对待。第 2049 条在一位共同继　4
承人仅仅应得到［遗产的］一小部分时[2]不适用，因为该情
况下继续经营农场一般不是首要目的。

（三）收益价额（第 1 款、第 2 款）

根据企业经济基本原则，收益价额是纯收益的数倍。[3] 纯　5
收益是毛收益除去花费的盈余。[4] 第 2049 条第 2 款将此前农场
的经济法规、农场的正当经营及以及通过正当经营可持续获得
的纯收益作为［纯收益的］决定性标准。该条款没有规定纯收
益如何判别[5]及在纯收益的基础上应如何计算收益价额。

为避免每次必须按当地情况单独确定收益资本化因素，根　6
据 EGBGB 第 137 条，可通过各州法规对 BGB 第 2049 条第 2 款

---

〔1〕　慕尼黑地方高级法院判决，载 ZEV 2009 年版，第 301 页。

〔2〕　参见联邦普通法院判决，载 NJW 1973 年版，第 995 页、第 996 页；MüKo/
Ann 对 BGB 第 2049 条的注解，段落边号 7；Erman/*Schlüter* 对 BGB 第 2049 条的注解，
段落边号 2；Palandt/*Weidlich* 对 BGB 第 2049 条的注解，段落边号 1；Soergel/*Wolf* 对
BGB 第 2049 条的注解，段落边号 2；不同观点见 RGRK/*Kregel* 对 BGB 第 2049 条的注
解，段落边号 6。

〔3〕　参见 Foag，载 RdL 1955 年版，第 5 页、第 6 页；*Fritzen*，载 RdL 1963 年
版，第 5 页、第 6 页。

〔4〕　详见 Härtel/*Graß*［著］，第 37 章段落边号 88 以下；*Kempfler*，载 ZEV 2011
年版，第 337 页、第 338 页以下；*Müller-Feldhammer*，载 ZEV 1995 年版，第 161 页、
第 163 页以下。

〔5〕　另参见策勒地方高级法院，载 ZEV 2009 年版，第 141 页以下。

补充，确定如何从纯收益中计算收益价额。有些州的法规（《普鲁士〈德国民法典〉施行法》[PrAGBGB]第83条，按1918年6月8日颁布的《估价部门法》第23条文本，《黑森州〈德国民法典〉施行法》[HessAGBGB]第30条，《莱法州〈德国民法典〉施行法》[RhPfAGBGB]第24条）把年纯收益额的25倍规定为收益价额，巴伐利亚州与巴符州（《巴伐利亚州〈德国民法典〉施行法》[BayAGBGB]第68条，《巴符州〈德国民法典〉施行法》[Bad-WürttAGBGB]第48条第2款）则将纯收益额的18倍规定为收益价额。[1]各州都受BGB第2049条第2款实体标准的约束。如果[计算收益价额时，]按《德国资产评估法》（BewG）依税法的评估基础而定，尤其是依照经济单位价值而定，则属于未遵从上述要求，因为这一计算方法没有正确反映真正的年纯收益。[2]因此，类似这样的法律[在此种情况下]无效，并且根据《德国基本法》第72条第1款属于违宪。[3]

（四）解释规则（第1款）

7   第2049条第1款仅包括一条解释规则。不影响被继承人作不同的指示。

---

〔1〕 这一方面的完整概述见 *Meyer-Klenk*，载 ErbR 2008 年版，第311页、第313页；*Ruby*，载 ZEV 2007 年版，第263页、第265页以下。

〔2〕 参见杜塞尔多夫地方高级法院判决，载 FamRZ 1986 年版，第168页、第169页。

〔3〕 参见 BverfGE 第78卷，第132页、第144页以下。

第十章　德国民法典第 2050 条
作为法定继承人的晚辈直系血亲的均衡义务

BGB 第 2050 条法条条文

（1）作为法定继承人取得继承权的晚辈直系血亲，有义务在相互之间分割遗产时，对他们于被继承人生前从其处作为婚嫁立业资财所得标的进行均衡，但以被继承人给予［资财］时未另做指示为限。

（2）用作收入而给予的补贴，以及为职业培训而支出的费用，须在其超过与被继承人财产状况相当的限度内予以均衡。

（3）被继承人在给予时做出均衡指示的，其他的生前给予也须予以均衡。

参考文献

Ann：《继承人共同关系》，2001 年版，第 284～292 页；

Bertolini："关于分割的实行（BGB 第 2055 条）"，载 Mitt-BayNot 1995 年版，第 109 页；

Bothe："关于 BGB 第 2050 条第 3 款所规定的给予的举证责任"，载 ZErb 2004 年版，第 368 页；

Fröhler："因赠与及［给予］婚嫁立业资财的遗产均衡或特

留份折抵"，载 BWNotZ 2010 年版，第 94 页；

Keim：《因放弃继承的给予均衡》，科隆大学 1979 年博士论文；

Kerscher/Tanck："出于生存立业对子女做出的给予：'婚嫁立业资财'作为须均衡的预得标的"，载 ZEV 1997 年版，第 354 页；

Kues："近亲属护理的酬劳"，载 ZEV 2000 年版，第 434 页；

Mayer："对继承法折抵与均衡条款的追加指示"，载 ZEV 1996 年版，第 441 页；

Mayer："应继份权及特留份权的折抵与均衡——通过案例的导论"，载 ZErb 2007 年版，第 130 页；

Meincke："关于共同继承人的均衡程序"，载 AcP 1978 年版，第 178 卷，第 45 页；

Mohr："赠与的均衡与折抵"，载 ZEV 1999 年版，第 257 页；

Schindler："根据 BGB 第 2050 条共同继承人之间均衡的给予类型"，载 ZEV 2006 年版，第 389 页；

Siebert："继承开始后兄弟姊妹之间对所得给予进行均衡的结构"，载 NJOZ 2009 年版，第 3099 页；

Thubauville："生前给付折抵应继份权及特留份权"，载 MittRhNotK 1992 年版，第 289 页。

一、概述

1　　BGB 第 2050 条规定，于被继承人生前获得特定给予的晚辈直系血亲互相之间对给予进行均衡。该均衡根据 BGB 第 2055 条[1]

---

〔1〕　译者注：BGB 第 2055 条标题为"均衡的实行"。

仅通过计算（所谓价额归还主义）实现：给予（标的）折抵各继承份额，以使有关共同继承人在遗产分割时所得的应继份价值扣除其已于被继承人生前得到的标的价值。[1] 均衡义务人的可分割存量因其他晚辈直系血亲的可分割存量相应增加而减少。法律希望通过这种方式考虑所推测的被继承人意愿：推测被继承人希望将其财产在其晚辈直系血亲中均分。[2]

均衡或均衡义务既不构成有利于其他共同继承人的遗赠也不构成对遗产的债务，[3] 而是——作为法定的折抵情形——BGB 第 2047 条第 1 款规定的用于确定分割请求权关键计算方法的组成部分。[4] 其仅通过关于分割均衡的规则被遵守而使义务和权利产生。　　　　　　　　　　　　　　　　　　　　　　2

二、法条内容

（一）晚辈直系血亲作为法定继承人（第 1 款）

根据第 2050 条第 1 款，仅晚辈直系血亲有均衡义务，均衡　　3

---

〔1〕 译者注：原文直译为"……所得的应继份价值低出其已于被继承人生前得到的标的价值"。

〔2〕 参见《联邦普通法院民事判决》第 65 卷，第 75 页、第 77 页；对此持批评意见的观点见 *Bothe*，载 ZErb 2004 年版，第 368～370 页。就公司股份选定某一位或几位共同继承人时，类似于第 2050 条、第 2055 条以下规定，可在其余共同继承人中产生均衡请求权（译者注："Bei qualifizierter Nachfolge in einen Gesellschaftsanteil"字面意思为"在有资格继承公司股份的情形下"。但根据《德国商法典》中关于继承公司股份的规定，"qualifizierte Nachfolge in einen Gesellschaftsanteil"是指就公司股份选定或指定某一位或几位共同继承人）。联邦普通法院认为法理依据为 BGB 第 242 条（依诚实信用之给付），载《联邦普通法院民事判决》第 22 卷，第 186 页、第 197 页；另参见 Soergel/*Wolf* 对 BGB 第 2032 条的注解，段落边号 25 和段落边号 18（关于［继承人或股东指定的第三方在其死后］进入公司的条款）。

〔3〕 参见 MüKo/*Ann* 对 BGB 第 2050 条的注解，段落边号 17；Staudinger/*Werner* 对 BGB 第 2050 条的注解，段落边号 6；Soergel/*Wolf* 对 BGB 第 2050 条的注解，段落边号 4。

〔4〕 参见 *Eberl－Borges*：《遗产分割》，2000 年版，第 236 页。

也仅使晚辈直系血亲受益。[1] 这些晚辈直系血亲必须已被指定为法定继承人（例外情况：BGB 第 2052 条[2]）。均衡也涉及应继份受让人和应继份质权人。[3] 其他亲属及配偶不参加均衡。但被继承人可以其他方式处分遗产，即通过分割指示及先取遗赠（BGB 第 2150 条[4]）。[5] 在意定共同继承人当中被继承人也可以对均衡做出指示。[6]

（二）给予（第 1 款、第 2 款及第 3 款）

4   第 2050 条涉及被继承人的给予（参见第 2050 条 第 1 款末尾、第 3 款），并将其区分为婚嫁立业资财（第 1 款）、需用作收入的补贴（第 2 款）、为职业培训支出的费用（第 2 款）以及其他的给予（第 3 款）。

1. 概述

5   给予是被继承人自愿的财产付出。被继承人生前将一个财产标的从其财产当中移交至相关晚辈直系血亲的财产中。通过此方式（未来的）遗产减少，其余共同继承人的可分割存量也相应减少。[7]

6   给予也可以有偿实现，而且给予在其价值超过给予报酬的

---

〔1〕 继承于 1998 年 4 月 1 日之前开始的，根据 BGB 第 1934 b 条第 3 款旧文本均衡条款准用于按 BGB 第 1934 a 条旧文本未从被继承人处继承遗产而得到继承替代请求权的非婚生子女。

〔2〕 译者注：BGB 第 2052 条标题为"作为意定继承人的晚辈直系血亲的均衡义务"。

〔3〕 参见 Soergel/*Wolf* 对 BGB 第 2050 条的注解，段落边号 5 以下。

〔4〕 译者注：BGB 第 2150 条标题为"先取遗赠"。

〔5〕 参见 MüKo/*Ann* 对 BGB 第 2050 条的注解，段落边号 3；Soergel/*Wolf* 对 BGB 第 2050 条的注解，段落边号 5 以下。

〔6〕 参见 Soergel/*Wolf* 对 BGB 第 2050 条的注解，段落边号 7。

〔7〕 参见 Soergel/*Wolf* 对 BGB 第 2050 条的注解，段落边号 9。

价值时应予以均衡。[1] 给予不要求有法律行为并且可以通过每一次财产付出，即不仅通过权利移转，而且可以通过授予债权请求权[2] 或用益交付[3] 成立。

满足**法定义务**的给付不属于给予，该情形下财产的付出缺乏自愿性，尤其对于履行法定扶养义务而言。[4] 需要重新归还的给予，例如贷款，[5] 同样不使均衡义务成立，因为没有做最终的财产付出，即遗产未减少；给予的接受人反而要承担归还［给予］的遗产债务。[6]

2. 婚嫁立业资财（第 1 款）

对婚嫁立业资财的概念，BGB 第 1624 条[7] 第 1 款给出了法定定义。第 2050 条第 1 款援引此概念，并将其内涵扩展，使其也包括对比子女更远亲等的晚辈直系血亲（另参见第 2053 条[8]）。关于给予的目的仍按照第 1624 条第 1 款规定，即给予是为晚辈

---

　［1］　参见《帝国法院民事判决》第 73 卷，第 372 页、第 377 页；《帝国法院民事判决》第 67 卷，第 306 页、第 308 页；Soergel/*Wolf* 对 BGB 第 2050 条的注解，段落边号 9。

　［2］　参见《联邦普通法院民事判决》第 44 卷，第 91 页、第 95 页；RGRK/*Kregel* 对 BGB 第 2050 条的注解，段落边号 14。

　［3］　参见 MüKo/*Ann* 对 BGB 第 2050 条的注解，段落边号 8；Soergel/*Wolf* 对 BGB 第 2050 条的注解，段落边号 9。

　［4］　参见 *Ann*［著］，第 286 页，脚注 87；MüKo/*Ann* 对 BGB 第 2050 条的注解，段落边号 30；*Thubauville*，载 MittRhNotK 1992 年版，第 289 页、第 292 页；Soergel/*Wolf* 对 BGB 第 2050 条的注解，段落边号 9；不同观点见 RGRK/*Kregel* 对 BGB 第 2050 条的注解，段落边号 14；Staudinger/*Werner* 对 BGB 第 2042 条的注解，段落边号 17、31。

　［5］　参见德累斯顿地方高级法院判决，载 OLGE 第 32 卷，第 51 页。

　［6］　参见 MüKo/*Ann* 对 BGB 第 2050 条的注解，段落边号 12；Soergel/*Wolf* 对 BGB 第 2050 条的注解，段落边号 10。

　［7］　译者注：BGB 第 1624 条标题为"从父母财产中给予的婚嫁立业资财"。

　［8］　译者注：BGB 第 2053 条标题为"对较远亲等或被收养的晚辈直系血亲的给予"。

直系血亲婚嫁或建立独立的生活地位。[1] 实践当中给予经常为建立住房、办公室或诊所/（律师）事务所。[2]

9   通过第 2050 条第 1 款指示的均衡义务，合理原因在于，就该款中规定的婚嫁立业资财而言可以推测被继承人对晚辈直系血亲做出给予，仅仅为使其能够获得或更容易获得独立生活地位，而不是为比其他晚辈直系血亲优待他。被继承人本应被推测为从财产上平等对待所有晚辈直系血亲的意愿，并不因给予［某位晚辈直系血亲］婚嫁立业资财而改变。[3]

10   以婚嫁立业资财为目的的给予应和被继承人可能给晚辈直系血亲的其他单纯赠与予以区分。谁要求给其他晚辈直系血亲的婚嫁立业资财被均衡，谁就有义务证明该项给予属于婚嫁立业资财而不是一般的赠与（举证责任参见段落边号 24）。[4]

11   BGB 第 1624 条第 1 款中的婚嫁立业资财概念也包括职业培训费用（参见段落边号 13）。但均衡该费用不是依照第 2050 条第 1 款而是依照第 2 款（参见段落边号 16）。

    3. 用作收入的补贴（第 2 款）

12   根据第 2050 条第 2 款，需要均衡的也包括被继承人所给予的用作收入的补贴。目的即在于满足持续的需要；被继承人希望能为晚辈直系血亲的收入做出贡献。根据普遍的观点，所涉及的必须是一定期间和有一定规律性的定期给付；一次性给予不属

---

[1]   参见《联邦普通法院民事判决》第 44 卷，第 91 页、第 93 页；BGB 第 1620 条旧文本中规定的嫁妆属于婚嫁立业资财的特殊情况；嫁妆因 1957 年颁布的《德国男女平权法》而取消。

[2]   参见 *Ann*［著］，第 287 页。

[3]   参见 Soergel/*Wolf* 对 BGB 第 2050 条的注解，段落边号 12。

[4]   参见帝国法院判决，载 Recht 1912 年第 445 号判决。

于用作收入的补贴[1]概念范畴。[2]对该观点应如此驳斥：扶养补贴[3]是以总额还是以分期的形式，没有实质区别。[4]

4. 为职业培训支出的费用（第 2 款）

第 2050 条第 2 款还规定了为职业培训支出的费用。此处的 13 职业培训不是指普通中学（包括高中），而只包括提供职业资质培训的机构，主要有大学、应用技术大学及职业培训机构。[5]但第 2050 条第 2 款中仅包括非为履行法定扶养义务支出的费用（参见段落边号 7），就职业培训而言也常是如此（参见第 1610 条[6]第 2 款）。

5. 其他给予（第 3 款）

第 2050 条第 3 款规定的给予针对的是第 1 款、第 2 款中未 14 涉及的目的。和第 2050 条总体规定的给予一样，第 3 款中的给予仅限于生前给予，而且可以包括各种各样的给付，例如赠与的礼品或清偿债务。

（三）第 1 款、第 2 款中均衡的范围

第 2050 条第 2 款涉及补贴及为职业培训支出的费用，仅在 15 这些给予超过与被继承人财产状况相当的限度内要求均衡，而且被继承人（而非受给予人）做出给予时的［实际］财产状况

---

〔1〕　译者注：此处原文直译为"用作收入的补贴"的上位概念，即"婚嫁立业资财"，参见本注解段落边号 16。

〔2〕　参见 MüKo/*Ann* 对 BGB 第 2050 条的注解，段落边号 24；RGRK/*Kregel* 对 BGB 第 2050 条的注解，段落边号 9；Soergel/*Wolf* 对 BGB 第 2050 条的注解，段落边号 14。另参见帝国法院判决，载 Recht 1910 年第 2578 号判决（沐浴之行）。

〔3〕　译者注：即抚养费本身，而非除抚养费外另行补贴的费用。

〔4〕　参见 *Ann*［著］，第 288 页。

〔5〕　参见 *Ann*［著］，第 289 页；Bamberger/Roth/*Lohmann* 对 BGB 第 2050 条的注解，段落边号 9；Soergel/*Wolf* 对 BGB 第 2050 条的注解，段落边号 15。

〔6〕　译者注：BGB 第 1610 条标题为"抚养费的额度"。

（而非收入水平）是关键。[1]并不因为［对某位晚辈直系血亲］就职业培训支出的费用比对其他晚辈直系血亲就同一目的支出的费用高，就算［对该晚辈直系血亲的］**给予超出被继承人的财产状况**。[2]

16　　第2050条第1款没有规定诸如前述的限制。婚嫁立业资财必须（在被继承人限制性指示的前提下，参见段落边号19～21）始终完全均衡。第2050条第2款规定的给予也属于第1款中的婚嫁立业资财概念范畴，单独按第2款的均衡规则——作为更具体的规则——进行均衡：需均衡的只有超出［被继承人的财产状况］的部分，尤其对职业培训费用而言。这一特殊待遇旨在对子女进行适合其禀赋的培养。[3]

（四）第3款中经被继承人指示的均衡

17　　其他给予根据第2050条第3款只有被继承人在给予时已做出均衡指示的，才须均衡。该指示必须在给予前或给予时做出，也可以从对被继承人处分的解释中得出。但无论如何都要求受给予人有机会认知该均衡指示和能够拒绝给予。[4]

18　　如果给予未经被继承人指示而完成，则指示不能通过生前的单方法律行为进行追补。但被继承人可以和受给予人以合同的形式订立一个其余共同继承人对均衡的请求权（BGB第328

---

〔1〕参见MüKo/*Ann*对BGB第2050条的注解，段落边号26；*Schindler*，载ZEV 2006年版，第389页、第391页；Soergel/*Wolf*对BGB第2050条的注解，段落边号17。

〔2〕参见MüKo/*Ann*对BGB第2050条的注解，段落边号26；Soergel/*Wolf*对BGB第2050条的注解，段落边号17；另参见*Ann*［著］，第289页。

〔3〕参见*Ann*［著］，第287页。

〔4〕参见《帝国法院民事判决》第67卷，第306页、第308页；科布伦茨地方高级法院判决，载BeckRS 2012年版，24559号；Soergel/*Wolf*对BGB第2050条的注解，段落边号19。关于"通过提前的继承"的涵义，见*Tanck*，载FS Damrau 2007年版，第85页以下。

条〔1〕）。〔2〕被继承人也可以通过追加的终意处分，将均衡作为有利于其他共同继承人的遗赠而进行指示。如果未指示均衡，则可能适用特留份补足请求权（BGB第2325条、第2329条）〔3〕。如果被继承人已依据第2050条第3款对均衡做出指示，他可以通过终意处分事后重新排除均衡。〔4〕

（五）可变更性（第1款末）

第2050条的基础是推测被继承人希望第1款及第2款所规　19
定的均衡（参见段落边号1）。顺理成章，根据第2050条第1款末，均衡可以通过被继承人变更：被继承人可以排除均衡或仅为均衡附加一定的前提。他也可以将一个比实际价值低的价值确定为均衡数额。〔5〕虽然只有第2050条第1款明确允许［被继承人］另作指示，但该例外也同样适用于第2款的规定。〔6〕

和根据第2050条第3款对均衡做出指示一样（参见段落边　20
号17以下），按第1款及第2款情形排除均衡也可以在给予前

---

〔1〕　译者注：BGB第328条标题为"对第三人有利的合同"。

〔2〕　参见 Staudinger/*Werner* 对 BGB 第 2050 条的注解，段落边号 33；Soergel/*Wolf* 对 BGB 第 2050 条的注解，段落边号 19；［对此方法的］限制性观点见联邦普通法院判决，载 ZEV 2010 年版，第 33 页、第 34 页，包括 *Leipold* 的拒绝性评注 = 联邦普通法院判决，载 DNotZ 2010 年版，第 629 页、第 632 页以下，包括 *Keim* 的拒绝性评注；对新近联邦普通法院判决所持的批评态度另见 MüKo/*Ann* 对 BGB 第 2050 条的注解，段落边号 31。

〔3〕　译者注：BGB第2325条标题为"赠与情形下的特留份补足请求权"；第2329条标题为"对受赠人的请求权"。

〔4〕　参见 Soergel/*Wolf* 对 BGB 第 2050 条的注解，段落边号 22；另参见 *Mayer*，载 ZEV 1996 年版，第 441 页、第 443 页以下。

〔5〕　参见 *Frischknecht*，载 BWNotZ 1960 年版，第 269 页、第 270 页；Soergel/*Wolf* 对 BGB 第 2050 条的注解，段落边号 22。

〔6〕　参见 Soergel/*Wolf* 对 BGB 第 2050 条的注解，段落边号 22。

或给予时，而不通过给予后所为的生前法律行为实现。[1] 被继承人通过终意处分，即有利于受给予人的分割指示（第 2048 条第 1 句话）与先取遗赠（第 2150 条[2]），也仍可以事后排除均衡。通过继承合同排除均衡也同样可能。[3]

21　　当涉及特留份权时，被继承人的指示自由通过第 2316 条[4] 第 3 款受到限制。如果被继承人受继承合同或共同遗嘱的约束，则根据第 2286 条的主旨虽然可以排除均衡，但被排除的均衡可由第 2287 条[5] 中规定的请求权替代。[6]

22　　被继承人也可以指示一个不属于法定性质的均衡，[7] 但不是通过生前的法律行为类推应用第 2050 条第 3 款，而是原则上通过终意处分（即仍然通过第 2048 条第 1 句话规定的分割指示或第 2150 条规定的先取遗赠）。[8] 关于有利于第三人的合同（见第 328 条）参见段落边号 18。

23　　此外，共同继承人也可以通过合同来订立[9]、排除或更改均衡义务，依据为，《德国民法典》中的财产分割规则，即第 2050 条以下的有关规则，对于共同继承人可以变更。[10]

---

　　[1]　参见柏林地方高级法院判决，载 OLGE 第 21 卷，第 318 页；汉堡地方高级法院判决，载 OLGE 第 34 卷，第 260 页、第 261 页以下；Staudinger/*Werner* 对 BGB 第 2050 条的注解，段落边号 2；Soergel/*Wolf* 对 BGB 第 2050 条的注解，段落边号 22。

　　[2]　译者注：BGB 第 2150 条标题为"先取遗赠"。

　　[3]　参见《帝国法院民事判决》第 90 卷，第 419 页、第 422 页以下。

　　[4]　译者注：BGB 第 2316 条标题为"［和特留份有关的］均衡义务"。

　　[5]　译者注：BGB 第 2286 条标题为"生前处分"；第 2287 条标题为"侵害合同所定继承人的赠与"。

　　[6]　参见 Soergel/*Wolf* 对 BGB 第 2050 条的注解，段落边号 22。

　　[7]　参见联邦普通法院判决，载 NJW-RR 1992 年版，第 771 页、第 772 页。

　　[8]　参见联邦普通法院判决，载 ZEV 2010 年版，第 33 页、第 34 页，包括更多例证。

　　[9]　参见帝国法院判决，载 Recht 1920 年第 927 号判决。

　　[10]　参见 *Eberl-Borges*［著］，第 98 页、第 105 页。

三、其他实用性提示

（一）举证责任

均衡义务的举证责任由希望均衡的人承担。均衡义务的排 24
除必须由主张排除的人证明；[1] 但第 2050 条第 3 款规定的情形
中只有被继承人的［均衡］指示确定时，均衡义务的排除才须
由主张排除的人证明。[2]

（二）诉讼法

和均衡有关的争议经常引发［均衡义务］**确认之诉**。如果 25
是给付之诉，则会违反价额归还主义原则（参见本注解段落边
号 1 和 BGB 第 2055 条注解段落边号 1 与段落边号 4 ~ 7）。[3] 因
此，允许一位共同继承人通过起诉要求确认另一位共同继承人
因均衡义务不再从遗产中得到标的，因为有关［该确认内容］
的给付之诉已排除。[4] 也允许要求某个标的应以一定数额均衡
的确认之诉，[5] 以及针对提供信息、代替宣誓的保证及确认均
衡义务的分级诉讼。[6] 但针对未来后位继承人之间均衡义务的

---

[1]　参见 MüKo/*Ann* 对 BGB 第 2050 条的注解，段落边号 39；*Schindler*，载
ZEV 2006 年版，第 389 页、第 393 页；Soergel/*Wolf* 对 BGB 第 2050 条的注解，段落
边号 24。

[2]　参见 Soergel/*Wolf* 对 BGB 第 2050 条的注解，段落边号 24。不同观点见
Bothe，载 ZErb 2004 年版，第 368 页、第 372 页（被继承人有平等对待［共同继承
人］意愿并因此主张均衡的明显证据）。

[3]　就不当得利之诉参见 MüKo/*Ann* 对 BGB 第 2050 条的注解，段落边号 18。

[4]　参见巴伐利亚州高级法院判决，载 OLGE 第 37 卷，第 253 页；波森地方
高级法院判决，载 OLGE 第 21 卷，第 318 页；MüKo/*Ann* 对 BGB 第 2050 条的注解，
段落边号 38。

[5]　参见联邦普通法院判决，载 NJW–RR 1992 年版，第 771 页；Soergel/*Wolf*
对 BGB 第 2050 条的注解，段落边号 24。

[6]　参见巴伐利亚州高级法院判决，载 OLGE 第 37 卷，第 253 页；*Schneider*，
载 Rpfleger 1982 年版，第 268 页、第 271 页。

确认之诉是不允许的，因为［未来后位继承人之间的］均衡义务在后位继承开始时才能产生，而此前不存在确认利益。[1]

26   均衡义务确认之诉的诉讼价值按均衡金额中应归原告所有的数额而定。[2]

（三）农业法

27   在农业法庭分配程序中根据 GrdstVG 第 16 条计算补偿金（根据第 2042 ~ 2057a 条总论、段落边号 31 以下）时，第 2050 条以下规定的均衡义务同样必须考虑。

28   一个特殊的均衡条款包括于 HöfeO 第 12 条[3]第 9 款中。

（四）措辞建议

29   关于均衡指示如何措辞，参见 *Fröhler*，载 BWNotZ 2010 年版，第 94 页；*Mayer*，载 ZEV 1996 年版，第 441 页。

---

〔1〕 卡尔斯鲁厄地方高级法院判决，载 NJW‐RR 1990 年版，第 137 页；MüKo/*Ann* 对 BGB 第 2050 条的注解，段落边号 38；Soergel/*Wolf* 对 BGB 第 2050 条的注解，段落边号 24。

〔2〕 参见联邦普通法院判决，载 FamRZ 1956 年版，第 381 页；MüKo/*Ann* 对 BGB 第 2050 条的注解，段落边号 40；*Schneider*，载 Rpfleger 1982 年版，第 268 页、第 270 页以下。

〔3〕 译者注：HöfeO 第 12 条标题为"继承开始后对共同继承人的补偿"。

第十一章　德国民法典第 2051 条
一位晚辈直系血亲
出缺情形下的均衡义务

BGB 第 2051 条法条条文

（1）一位作为继承人本应负均衡义务的晚辈直系血亲在继承开始前或开始后出缺时，因对其所做的给予，由替代其的晚辈直系血亲负均衡义务。

（2）被继承人如果为出缺的晚辈直系血亲指定了一位替补继承人，有疑义时，必须认为：该替补继承人应得到的不应该超过出缺的晚辈直系血亲在考虑到均衡义务时会得到的。

一、概述

BGB 第 2051 条第 1 款使均衡义务转移给替代出缺晚辈直系血亲的晚辈直系血亲，尽管该晚辈直系血亲并未［从被继承人处］得到给予。法律因此顾及到了被继承人可能的意愿：不仅要考虑子女，也同样要考虑子女各自的血统。此外，法律还考虑其他共同继承人的利益，该利益不应该因为某一位晚辈直系血亲出缺导致不发生均衡而受损。第 2051 条第 1 款根本上是要阻止有均衡义务的共同继承人通过拒绝继承而使其血统［中的人］免于均衡。[1]

2   对于被继承人为出缺的晚辈直系血亲所指定的替补继承人（参见 BGB 第 2096 条[2]），相应适用 BGB 第 2051 条第 2 款，但该款——和第 2051 条第 1 款不同——仅给出了一条有疑议时适用的规则：即使是替补继承人，也不应该于有疑议时，比［出缺的］原本指定的晚辈直系血亲在考虑到均衡义务后应得的多得或少得。这样也符合所推测的被继承人意愿及其他共同继承人的利益。[3]

二、法条内容

（一）一位晚辈直系血亲的出缺（第 1 款）

3   一位晚辈直系血亲出缺，意味着该晚辈直系血亲将不会成为继承人。出缺的原因只能为法定原因，例如：继承开始前的死亡（BGB 第 1923 条［继承能力］第 1 款），排除在法定继承之外（BGB 第 1938 条［排除在法定继承之外而不指定继承人］），拒绝遗产（BGB 第 1953 条［拒绝的效果］），无继承资格（BGB 第 2344 条［宣告无继承资格的效果］），放弃继承（BGB 第 2346 条［放弃继承的效果；限制的可能性］）或者《公证证书编制法》（BeurkG）第 27 条[4]所规定的继承人指定的无效。

4   替代［出缺晚辈直系血亲的］人必须是被继承人的晚辈直系血亲，不一定也是出缺者的晚辈直系血亲或继承人，换言之，也可以是出缺者的旁系血亲。

---

    [1]   参见 MüKo/*Ann* 对 BGB 第 2051 条的注解，段落边号 1；Soergel/*Wolf* 对 BGB 第 2051 条的注解，段落边号 1。

    [2]   译者注：BGB 第 2096 条标题为"替补继承人"。

    [3]   参见 MüKo/*Ann* 对 BGB 第 2051 条的注解，段落边号 1。

    [4]   译者注：BeurkG 第 27 条标题为"受益人"。

一位有均衡义务的晚辈直系血亲在成为继承人后死亡的，5
和应继份相关联的均衡义务则转移给他的继承人（BGB 第 1922
条[1]第 1 款）。这些继承人是否属于［已死亡的］给予人的晚
辈直系血亲并不重要。如果一位更远亲等的晚辈直系血亲，在
越过有均衡义务的晚辈直系血亲的情况下，直接通过死因处分
被指定为继承人，则也不属于第 2051 条第 1 款规定的情况，因
此该晚辈直系血亲不必均衡给予，但被继承人通过终意处分要
求其均衡的不在此限。[2]

第 2051 条第 1 款规定的作为替代人的晚辈直系血亲承担和　6
出缺的晚辈直系血亲一样的均衡义务。通过有条件的先取遗赠
（见 BGB 第 2150 条、第 2177 条[3]）他可以免除该义务。如果
替代人之前已经是继承人了，则其应继份增加。增加了的应继
份根据第 1935 条、第 2095 条[4]就均衡义务而言视为特殊的应
继份。由多位晚辈直系血亲替代出缺继承人的，均衡义务由这
些晚辈直系血亲按其应继份的比例承担。[5]

（二）指定替补继承人（第 2 款）

对于替补继承人适用 BGB 第 2096～2099 条和第 2102 条[6]。　7

---

[1]　译者注：BGB 第 1922 条标题为"总括的权利继受"。

[2]　帝国法院判决，载 WarnRspr，1913 年第 238 号。

[3]　译者注：BGB 第 2150 条标题为"先取遗赠"；第 2177 条标题为"附条件
或期日情形下［遗赠］的归属"。

[4]　译者注：BGB 第 1935 条标题为"应继份增加的后果"；第 2095 条标题为
"增加了的应继份"。

[5]　参见 MüKo/*Ann* 对 BGB 第 2051 条的注解，段落边号 4；Soergel/*Wolf* 对
BGB 第 2051 条的注解，段落边号 2。

[6]　译者注：BGB 第 2096 条标题为"替补继承人"；第 2097 条标题为"替补
继承人情形下的解释规则"；第 2098 条标题为"互相指定为替补继承人"；第 2099 条
标题为"替补继承人和应继份的增加"；第 2102 条标题为"替补继承人和后位继承
人"。

替补继承人可以是被继承人的晚辈直系血亲，也可以不是。如果他同时是晚辈直系血亲，适用第2051条第1款（参见第2052条[1]）。如果他不是晚辈直系血亲，则根据第2051条第2款在遗产分割时，他应得的不应该比原继承人在考虑到其均衡义务时会得到的多。但该款仅含有一条解释规则，而从包括指定替补继承人的终意处分中可以另产生被继承人的其他意愿，有关举证责任由替补继承人承担。

8　　　第2051条第2款一般如此解释：替补继承人不仅不应比原继承人得到的多，而且恰恰应和原继承人得到的一样多。替补继承人的请求权因此根据第2051条第2款不仅可以减少，而且还可以增加：即在另一位共同继承人的均衡义务本应对原继承人有利的情形下。[2]

---

〔1〕　译者注：BGB第2052条标题为"作为意定继承人的晚辈直系血亲的均衡义务"；第2095条标题为"增加了的应继份"。

〔2〕　参见 MüKo/*Ann* 对 BGB 第2051条的注解，段落边号6；Erman/*Schlüter* 对 BGB 第2051条的注解，段落边号2；Staudinger/*Werner* 对 BGB 第2051条的注解，段落边号6；Soergel/*Wolf* 对 BGB 第2051条的注解，段落边号5。

第十二章　德国民法典第 2052 条
作为意定继承人的
晚辈直系血亲的均衡义务

BGB 第 2052 条法条条文

如果被继承人已将晚辈直系血亲针对其作为法定继承人会得到的标的指定为继承人，或者已规定晚辈直系血亲应继份相互间的比例和法定应继份比例相同，则于有疑议时，必须认为晚辈直系血亲应该依据第 2050 条、第 2051 条负有均衡义务。

一、概述

第 2050 条仅针对法定继承规定了晚辈直系血亲之间的均衡。该规则基于所推测的被继承人平等对待晚辈直系血亲的意愿（参见第 2050 条注解中段落边号 1）。与之相对，就意定继承而言，应认为被继承人在考虑到可能已完成的生前给予的情况下做出了终意指示。被继承人如果已按法定继承考虑到其晚辈直系血亲，他旨在表示法定［继承］规则符合他的意愿。这样一来就具备了第 2050 条的推测基础，而这一点正是第 2052 条所针对的。

1

二、法条内容

（一）意定继承

2   晚辈直系血亲必须根据意定继承，即通过（简单或共同）遗嘱或通过继承合同被指定为继承人，在第2051条的情形下被指定为替补继承人。

3   第2052条适用于两种情况：其一，被继承人正好已考虑到继承人的法定继承份额。该情况下，被继承人是直接将继承人指定为法定继承人，还是先确定他们的继承份额，该份额又相当于法定继承份额，没有区别。其二，如果被继承人确定的继承份额虽然与法定继承份额不等，但它们之间的相互比例和法定继承份额之间比例一致。这种情况在配偶被排除为法定继承人时或者除晚辈直系血亲以外还［由被继承人］指定有其他继承人时出现。[1] 即使仅对一部分晚辈直系血亲按法定关系确定应继份，而对其余晚辈直系血亲以其他方式确定应继份，仍然根据第2050条、第2052条按前述［即法定应继份］比例进行均衡。[2]

（二）解释规则

4   第2052条包含一条解释规则：仅于有疑议时，按第2050条以下进行解释。从死因处分中，[3] 另外从继承合同或遗嘱之外的情势当中，[4] 都会产生相反的被继承人意愿。例如被继承人

---

〔1〕 参见《帝国法院民事判决》第90卷，第419页、第420页；MüKo/*Ann* 对BGB第2052条的注解，段落边号2；RGRK/*Kregel* 对BGB第2052条的注解，段落边号2。

〔2〕 参见《帝国法院民事判决》第90卷，第419页、第420页。

〔3〕 参见帝国法院判决，载LZ 1921年版，第19页；卡尔斯鲁厄地方高级法院判决，载OLGE第26卷，第305页。

〔4〕 参见《帝国法院民事判决》第90卷，第419页、第421页。

如果已指示，晚辈直系血亲对扣除可能做出的先取遗赠后剩余
的所有遗产标的，必须平均分配，则第 2052 条的解释规则不适
用。[1]

通过证明被继承人另有意愿，即不应发生均衡，来使第
2052 条的解释规则无效，举证责任由负有均衡义务的晚辈直系
血亲承担。

5

---

〔1〕 参见帝国法院判决，载 LZ 1921 年版，第 19 页；卡尔斯鲁厄地方高级法院
判决，载 OLGE 第 26 卷，第 305 页、第 306 页。

第十三章　德国民法典第 2053 条 对较远亲等或被收养的 晚辈直系血亲的给予

BGB 第 2053 条法条条文

（1）由一位较远亲等的晚辈直系血亲在将其排除在继承之外的较近亲等的晚辈直系血亲出缺前已从被继承人处获得的给予，或者作为替补继承人替代一位晚辈直系血亲的晚辈直系血亲从被继承人处获得的给予，无须均衡，但被继承人已在给予时指示均衡的不在此限。

（2）一位晚辈直系血亲在取得晚辈直系血亲法律地位之前从被继承人处获得给予的，亦同。

一、概述

1　　BGB 第 2053 条涉及对这些特定人的给予：从被继承人处继承了遗产但未首先被考虑为继承人的人，尤其包括较远亲等的晚辈直系血亲（第 1 款第 1 种情况）。第 2053 条原则上排除均衡，和第 2050 条、第 2051 条、第 2052 条一样，依据的是所推测的被继承人意愿：必须认为，被继承人在未考虑把受给予人作为继承人的情形下已做出了给予，因为有其他人在其之前被考虑为继承人。该给予做出时和继承权无关，因此不应该折抵应继份。[1]

二、法条内容

（一）一位晚辈直系血亲出缺（第 1 款）

第 2053 条第 1 款要求的前提：被继承人向较远亲等的晚辈直系血亲（第 2053 条第 1 款第 1 种情况）或者向作为另一位晚辈直系血亲的替补继承人的晚辈直系血亲（第 2053 条第 1 款第 2 种情况）做出给予（参见第 2050 条注解中段落边号 4 至 14）。并且较近亲等的晚辈直系血亲或首先指定的继承人必须在给予之后出缺（就出缺参见第 2051 条注解中段落边号 3）。例如，如果给予是在较近亲等的晚辈直系血亲已通过遗嘱排除在继承之外时发生的，则不适用第 2053 条第 1 款。[2]

有争议的情形表现在被继承人做给予时对继承人的认识**错误**。因为第 2053 条以推测的被继承人意愿为基础，必须取决于被继承人［在做出给予时］所认定的情势。[3] 即如果被继承人错误认为受给予人是其直接继承人，应推测被继承人希望［给予被］均衡（参见对第 2050 条的注解中段落边号 1）；第 2053 条第 1 款在该情形下不适用。[4] 被继承人如果在做给予时并不

〔1〕 参见 MüKo/*Ann* 对 BGB 第 2053 条的注解，段落边号 1；Staudinger/*Werner* 对 BGB 第 2053 条的注解，段落边号 4；Soergel/*Wolf* 对 BGB 第 2053 条的注解，段落边号 1、2。

〔2〕 参见《帝国法院民事判决》第 149 卷，第 129 页、第 134 页。

〔3〕 参见 MüKo/*Ann* 对 BGB 第 2053 条的注解，段落边号 3。

〔4〕 参见 MüKo/*Ann* 对 BGB 第 2053 条的注解，段落边号 3；Erman/*Schlüter* 对 BGB 第 2053 条的注解，段落边号 1；Palandt/*Weidlich* 对 BGB 第 2053 条的注解，段落边号 2；Soergel/*Wolf* 对 BGB 第 2053 条的注解，段落边号 2。

知道，排在受给予人之前的继承人已经出缺，则应推测被继承人不希望［给予被］均衡，因为被继承人在该情形下没有将受给予人当作自己直接的继承人。[1]

4　　　被继承人可以在给予时指示均衡（参见第 2053 条第 1 款末；就指示参见对第 2050 条的注解中段落边号 17 以下）。要求均衡的共同继承人必须证明［均衡］指示已［由被继承人］做出。均衡指示仅使较远亲等而不使较近亲等的晚辈直系血亲和替补继承人，在他们成为继承人的情形下，负均衡义务。但被继承人可以通过死因处分（分割指示及先取遗赠）使较近亲等的或首先指定的晚辈直系血亲负均衡义务（参见对第 2050 条的注解中段落边号 18）。[2]给较远亲等的晚辈直系血亲的金钱也可以作为给较近亲等的晚辈直系血亲的给予，例如当较近亲等的晚辈直系血亲［通过被继承人给予］为自己子女承担的负担减少；该情况下，给予必须根据第 2050 条均衡。[3]

（二）　第 2 款的几种情形

5　　　第 2053 条第 2 款把第 1 款规定的情形和该情形同等对待：某人［即受给予人］在［取得］给予之后才取得晚辈直系血亲的法定地位。第 2 款中当前涉及的是收养的情形（参见 BGB 第 1741 条以下、第 1767 条以下[4]）。1998 年 7 月 1 日之前，还可以通过［子女出生］之后结婚（BGB 第 1719 条旧文本）以

---

〔1〕　参见 MüKo/*Ann* 对 BGB 第 2053 条的注解，段落边号 3；Palandt/*Weidlich* 对 BGB 第 2053 条的注解，段落边号 2；Soergel/*Wolf* 对 BGB 第 2053 条的注解，段落边号 2。

〔2〕　参见 MüKo/*Ann* 对 BGB 第 2053 条的注解，段落边号 7；Soergel/*Wolf* 对 BGB 第 2053 条的注解，段落边号 4。

〔3〕　Staudinger/*Werner* 对 BGB 第 2053 条的注解，段落边号 6；Soergel/*Wolf* 对 BGB 第 2053 条的注解，段落边号 4。

〔4〕　译者注：BGB 第 1741 条标题为"收养的准许性"；第 1767 条标题为"收养的准许性，适用的条款"。

及通过给予非婚生子婚生地位的声明（参见 BGB 第 1723 条、第 1736 条及第 1740a 条以下旧文本）而事后取得作为晚辈直系血亲的法定地位。

第十四章　德国民法典第 2054 条
从共同财产中做出的给予

BGB 第 2054 条法条条文

（1）¹从财产共同制的共同财产中所做的给予，视为由配偶中的每一方各出一半。²但如果给予是对仅源自一方配偶的晚辈直系血亲做出的，或一方配偶因给予必须补偿共同财产时，则给予视为是由该配偶做出的。

（2）前款规定必须准用于从延续的财产共同制的共同财产中所做的给予。

一、概述

1　　BGB 第 2054 条处理的是：对从夫妻财产共同制的共同财产中或延续的财产共同制的共同财产中所做的给予的均衡问题。第 2054 条旨在排除：在给予从共同财产中实现的情形下，可能存在的关于给予人是谁及给付范围的疑问。

2　　如果配偶双方根据《〈德国民法典〉施行法》（EGBGB）第 234 条第 4 分条第 2 款，选择继续适用前德意志民主共和国（东德）所有权共同制及财产共同制的法定财产制，则准用第 2054

条。[1]

二、法条内容

（一）双方配偶作为给予人（第 1 款第 1 句话）

根据 BGB 第 1421 条、第 1422 条[2]，双方配偶——在夫   3
妻财产合同中无其他规定的前提下——都有［对共同财产的］
管理权与处分权。如果一方配偶管理与此相反，按夫妻财产合
同单独管理共同财产，则该方配偶也继续单独有处分权（参见
第 1422 条以下）。给予将由有处分权的配偶方完成，并且均衡
义务仅就该配偶方遗产存在。为更好地体现财产共同制原则及
均衡的目的，第 2054 条第 1 款第 1 句话规定，对于向［双方配
偶］共同的晚辈直系血亲所做的给予，各方配偶都视为做出一
半给予的给予人。因为该规则基于的是推测，所以如果确定处
分人的意愿相反，则该规则不适用。[3]

该规则的结果是，一笔**均衡**进行**两次**，即在每方配偶死亡   4
时各进行一次，每次均衡给予的一半。[4] 但如果延续的财产共
同制开始，则均衡延缓至该财产共同制结束（参见 BGB 第 1483
条、第 1497 条[5]）。就第 2269 条[6]规定的共同遗嘱，均衡

---

〔1〕　同样观点见 Bamberger/Roth/*Lohmann* 对 BGB 第 2054 条的注解，段落边号
1。

〔2〕　译者注：BGB 第 1421 条标题为"共同财产的管理"；第 1422 条标题为
"管理权的内容"。

〔3〕　参见 MüKo/*Ann* 对 BGB 第 2054 条的注解，段落边号 4；Soergel/*Wolf* 对
BGB 第 2054 条的注解，段落边号 2。

〔4〕　MüKo/*Ann* 对 BGB 第 2054 条的注解，段落边号 1。

〔5〕　译者注：BGB 第 1483 条标题为"延续的财产共同制的开始"；第 1497 条
标题为"到遗产分割时为止的法律关系"。

〔6〕　译者注：BGB 第 2269 条标题为"相互指定为继承人"。

总体在最后死亡的配偶方死亡时才发生。[1] 如果无法就一位配偶的遗产完成（一半［给予的］）均衡，因为其共同财产份额过低，则须按［给予的］相应更大份额对待另一位配偶的遗产。[2] 每位配偶可以就其［在共同财产中］的份额自主决定是否希望指示或排除均衡。[3]

（二）一方配偶作为给予人（第1款第2句话）

5　　按照第2054条第1款第2句话——作为例外——仅一方配偶视为给予人，前提是受给予的晚辈直系血亲仅源自该配偶或该配偶因给予而有补偿共同财产的义务。关键在于［受给予人］源自一方配偶或［一方配偶］有补偿［共同财产的］义务，而不在于哪方配偶做了处分。[4] 因为仅一方配偶视为给予人，所以仅就该方配偶的遗产发生均衡。

6　　该规则旨在防止，因从共同财产中移转财产，一方配偶血亲的应继份减少。[5] 鉴于上述目的，该条款应这样加以补充：给予不仅算仅由一方配偶做出，而且算仅从他在共同财产中（应得的）份额中做出的。[6]

---

〔1〕 参见 Soergel/*Wolf* 对 BGB 第2054条的注解，段落边号2，对 BGB 第2052条的注解，段落边号5。

〔2〕 参见 MüKo/*Ann* 对 BGB 第2054条的注解，段落边号8；Palandt/*Weidlich* 对 BGB 第2054条的注解，段落边号1；Staudinger/*Werner* 对 BGB 第2054条的注解，段落边号9；不同观点见 Soergel/*Wolf* 对 BGB 第2054条的注解，段落边号3，其中欲采用 BGB 第2056条［多受领的标的］。

〔3〕 参见 MüKo/*Ann* 对 BGB 第2054条的注解，段落边号8；Soergel/*Wolf* 对 BGB 第2054条的注解，段落边号3。

〔4〕 参见 MüKo/*Ann* 对 BGB 第2054条的注解，段落边号10；RGRK/*Kregel* 对 BGB 第2054条的注解，段落边号4。

〔5〕 参见《帝国法院民事判决》第94卷，第262页、第265页。

〔6〕 参见《帝国法院民事判决》第94卷，第262页、第265页；MüKo/*Ann* 对 BGB 第2054条的注解，段落边号2；Soergel/*Wolf* 对 BGB 第2054条的注解，段落边号4。

补偿［共同财产的］义务也可以通过给予婚嫁立业资财 7
（BGB 第 1444 条）[1] 而产生，另外可以根据 BGB 第 1435 条结
合第 1423 ~ 1425 条及第 1445 条[2] 的规定而产生。对于不作为
管理人的配偶可以考虑通过委托或无因管理而产生补偿义务。

（三）延续的财产共同制

第 2054 条第 2 款规定，对从延续的财产共同制（见 BGB 第 8
1483 条[3] 以下）的共同财产中所做的给予进行相应利用。

在延续的财产共同制中，生存的配偶方享有单独管理共同 9
财产的配偶的法律地位，享有应有份额权的晚辈直系血亲享有
另一方配偶的法律地位（第 1487 条[4] 第 1 款）。从共同财产中
向共同晚辈直系血亲所做的给予，一半算从仍然生存配偶的份
额中支付，另一半算从晚辈直系血亲的份额中支付（参见第
2050 条第 2 款结合第 1 款第 1 句话）。如果给予已由生存的配偶
方向［配偶双方］非共同的晚辈直系血亲做出，则给予视为由
该晚辈直系血亲所源自的配偶方所做（第 2050 条第 2 款结合第
1 款第 2 句话第 1 种情况）。如果生存的配偶方因从共同财产中
所做的给予有均衡义务，则给予算仅从该配偶方的［遗产］份
额中做出的（第 2050 条第 2 款结合第 1 款第 2 句话第 2 种情
况）。另外，均衡义务也可以根据第 1499 条[5] 第 3 项的规定产
生。

如果就晚辈直系血亲的共同财产份额必须均衡，则均衡以 10

---

〔1〕 译者注：BGB 第 1444 条标题为"子女婚嫁立业资财的费用"。

〔2〕 译者注：BGB 第 1435 条标题为"管理人的义务"；第 1423 条标题为"处
分全部共同财产"；第 1424 条标题为"处分土地、船舶及建造中的船舶"；第 1425 条
标题为"赠与"；第 1445 条标题为"保留财产、特有财产及共同财产之间的均衡"。

〔3〕 译者注：BGB 第 1483 条标题为"延续的财产共同制的开始"。

〔4〕 译者注：BGB 第 1487 条标题为"配偶及晚辈直系血亲的法律地位"。

〔5〕 译者注：BGB 第 1499 条标题为"由生存配偶负担的债务"。

延续的财产共同制结束后应完成的遗产分割为框架而进行。生存的配偶方所做的给予，须随着对其遗产的分割而进行均衡。[1]

---

[1] 参见 MüKo/*Ann* 对 BGB 第 2054 条的注解，段落边号 13；Staudinger/*Werner* 对 BGB 第 2054 条的注解，段落边号 11。

第十五章　德国民法典第 2055 条 均衡的实行

BGB 第 2055 条法条条文

（1）[1]遗产分割时，以每位共同继承人须均衡地给予的价额折抵其应继份。[2]须均衡地全部给予的价额，以遗产归属于相互间发生均衡的共同继承人为限，算入遗产。

（2）［须均衡地给予的］价额按给予发生时的价额而定。

参考文献

Ann：《继承人共同关系》，2001 年版，第 291 页以下；

Bacher：《继承开始时的价值理论思考》，2001 年版，康斯坦茨大学 1990 年博士论文；

Bertolini：“关于分割的执行（BGB 第 2055 条）”，载 Mitt-BayNot 1995 年版，第 109 页；

Ebenroth/Bacher：“生前给予的价值变动”，载 BB 1990 年版，第 2053 页；

Ebenroth/Bacher/Lorz：“生前给予的任意性价额确定及形成效果”，载 JZ 1991 年版，第 277 页；

Eberl–Borges：《遗产分割》，2000 年版，第 233 ~ 235 页；

Kohler："货币贬值与遗产均衡"，载 AcP 第 122 卷（1924年版），第 70 页；

Kohler："货币作为遗产均衡及财产增加均衡的价值标准"，载 NJW 1963 年版，第 225 页；

Krug："遗产分割中关于须均衡的生前给予的购买力问题"，载 ZEV 2000 年版，第 41 页；

Medicus："关于货币贬值的私法问题"，载 DB 1974 年版，第 759 页；

Meincke：《德国民法典中的遗产评估法》，1973 年版；

Meincke："关于共同继承人之间均衡的程序"，载 AcP 第 178 卷（1978 年版），第 45 页；

Pentz："是否考虑继承权中的购买力减少？——对联邦普通法院判决的批评"，载 ZEV 1999 年版，第 167 页；

Werner："价值增加是否作为须均衡的财产增加及继承法上的生前给予？"，载 DNotZ 1978 年版，第 66 页。

一、概述

1   BGB 第 2055 条规定了均衡如何完成。生前给予本质上不需要返还（现物返还主义），而是在遗产分割时结算（**价额归还主义**）。该方式使各共同继承人经济上所获得的基本上和被继承人已于生前给予的标的假如在遗产分割时分配一样。但遗产本身并不扩大，仅仅在遗产分割时归于某应继份的价额改变。受给予人因此有处置自由：他不一定必须于遗产分割时重新筹措〔被继承人〕生前给予的标的。另外还适用第 2056 条[1] 第 1 句话：受给予人如果通过给予获得的标的多于在遗产分割时会归

---

〔1〕 译者注：BGB 第 2056 条标题为"多受领的标的"。

属于他的标的，不必偿还多得之额。

　　计算特留份以有关原则为准（见 BGB 第 2315 条[1] 以下）。　2
平行条款第 2057a 条第 4 款规定如何就一位晚辈直系血亲对被继
承人的特殊给付完成均衡。

　　按照 2055 条第 2 款，［给予］价额的确定取决于给予发生　3
时（而非遗产分割时）的价额。因为受给予人［随着给予］立
即成为［给予标的］权利所有人，价值的增加或减少都应该仅
涉及他一人。[2]

二、法条内容

（一）均衡的实行（第 1 款）

　　第 2055 条第 1 款规定，如果被继承人对某位晚辈直系血亲　4
做出应均衡的生前给予，给予如何均衡。平行条款第 2057a 条
第 4 款涉及均衡某位晚辈直系血亲对被继承人的特殊给付。完
成这两个程序应履行的单独步骤相配合：须将给予的价额算入
净遗产价额并从有关晚辈直系血亲应继份中扣除（第 2055 条第
1 款）；相反，［晚辈直系血亲所做］给付的价额从遗产［价额］
中扣除（第 2057a 条第 4 款）并算入［该晚辈直系血亲］应继
份（见第 2057a 条第 4 款）。如果给予须均衡，则可支付给有关
晚辈直系血亲的存量减少；如果［晚辈直系血亲］按第 2057a 条
［对被继承人］有给付，则该存量增加。如果遗产分割时既要考
虑［对晚辈直系血亲的］给予又要考虑［晚辈直系血亲的］给
付，则均衡按统一程序进行。[3]

　　第 2055 条第 1 款中规定的均衡程序按下列步骤完成：首先　5

---

　　〔1〕　译者注：BGB 第 2315 条标题为"给予折抵特留份"。
　　〔2〕　参见《德国民法典第一草案起草缘由》第 5 卷，第 708 页以下。
　　〔3〕　参见 Ann［著］，第 291 页以及第 292 页的［给予］计算举例。

必须考虑到，一般不是所有共同继承人都参与遗产分割。**不参与遗产分割的共同继承人的份额**因此必须提前分离出来。此外，遗产被作价，还有所有不参与遗产分割的共同继承人的份额被作价。这些应继份的总价额从遗产价额中扣除，这样一来，产生一个（用于均衡目的的）"净"遗产价额（该遗产即第2055条第1款第2句话末"以遗产归属于相互间发生均衡的共同继承人为限"中所指的遗产）。

6　　第二步中，"净"遗产价额再更改一次，并且针对**须均衡的给予**。这些给予被作价（作价见第2055条第2款），给予的价额算入净遗产价额（第2055条第1款第2句话）。

7　　从这一更改的遗产价额中，最后一步计算出参加遗产分割的共同继承人的**分割存量**。再从该存量值中根据相对的继承比例计算出各应继份，从这些应继份价额中分别扣除已获得的给予价额（第2055条第1款第1句话）。

8　　如果——与第2038条[1]第2款第2句话不同——**孳息**已于遗产分割之前分配且分配按继承比例，则均衡义务人必须对所获孳息，以其超过均衡义务为限，在遗产分割时同样按计算予以均衡。[2]

（二）价额计算

9　　作价问题对于均衡起重要作用，因为一方面遗产，另一方面须均衡的给予都必须作价（参见本注解段落边号5、6）。定价以哪个时间为准，对于作价有特殊意义。

10　　就**给予**而言，第2055条规定，给予的定价依给予分别发生的时间为准。按通行的观点，即必须确定给予发生时本应为获

---

〔1〕　译者注：BGB第2038条标题为"共同管理遗产"。

〔2〕　参见MüKo/*Ann*对BGB第2055条的注解，段落边号7；RGRK/*Kregel*对BGB第2055条的注解，段落边号8。

得给予标的而筹措的金额；其中购买力下降必须一并考虑。[1]
原因在于均衡的意义：均衡基于对被继承人意愿的推测，被继
承人希望在晚辈直系血亲中平均分配其财产（参见对第2050条
的注解中段落边号1），即用自己的财产为所有晚辈直系血亲提
供一个可比机会来确立他们各自独立的生活地位。[2] 价额变动
对负均衡义务的共同继承人（而非对遗产）有利或不利，即和
该目的有关。[3] 基于该目的，直到遗产分割，而不仅到继承开
始，购买力下降都必须考虑在内，[4] 因为通过分割有均衡权的
共同继承人才获得资产价值，由其作为单独权利人加以支配。[5]
联邦普通法院[6] 所持的相反观点因此应予以拒绝。

　　出于同样的目的，计算**遗产价额**时，同样和联邦普通法 11
院[7] 所持观点相反——以遗产分割时而非继承开始时的价额为

---

　　〔1〕　参见《联邦普通法院民事判决》第65卷，第75页、第77页、第78页；
联邦普通法院判决，载 WM 1975 年版，第1179页；*MüKo/Ann* 对 BGB 第2055条的
注解，段落边号15；*Eberl–Borges*〔著〕，第233~235页；*Kohler*，载 NJW 1963 年版，
第225页、第227~229页；*Soergel/Wolf* 对 BGB 第2055条的注解，段落边号3。与上
述观点相反，*von Maydell* 在《金钱债务及币值》（1974 年版，第314页以下）中拒
绝考虑购买力下降。按 *Werner* 的观点（见 DNotZ 1978 年版，第66页、第84页及
Staudinger/Werner 对 BGB 第2055条的注解，段落边号8），给予的标的应按给予发生
时本应花费的金额估价，以按给予标的在给予时的状况来获得该标的。

　　〔2〕　参见 *Eberl–Borges*〔著〕，第234页。

　　〔3〕　参见 *Eberl–Borges*〔著〕，第235页；另参见 *MüKo/Ann* 对 BGB 第2055条
的注解，段落边号2。

　　〔4〕　参见 *MüKo/Ann* 对 BGB 第2055条的注解，段落边号15；*Eberl–Borges*
〔著〕，第235页；对 BGB 第2055条的注解，段落边号3以下。

　　〔5〕　参见 *Eberl–Borges*〔著〕，第234页。

　　〔6〕　参见《联邦普通法院民事判决》第65卷，第75页、第78页；联邦普通法
院判决，载 WM 1975 年版，第1179页、第1181页；联邦普通法院判决，载 NJW-
RR 1989 年版，第259页、第260页。

　　〔7〕　见《联邦普通法院民事判决》第96卷，第174页、第181页；同样观点
见 *Meincke*，载 AcP 第178卷（1978 年版），第45页、第59页以下。

准。[1]

12 　　确定价额时，以客观现时市价为准。紧急情况下，须估算客观现时市价。决定债权价额的不是其票面价值，而是其市值。[2]

（三）有均衡义务的共同继承人的法律地位

13 　　均衡条款仅使涉及均衡的债权意义上的权利和义务成立。到遗产分割为止，不管是在内部还是外部关系中，均衡义务对相关共同继承人地位没有影响。该共同继承人参与遗产管理及处分措施，并且有表决权，其中（未因均衡义务而改变的）继承份额起决定作用，[3]继承份额小于或等于须均衡的给予的共同继承人也不排除在外。[4]

14 　　但继承份额小于或等于须均衡的给予的共同继承人的行为（遗产的使用、对管理措施的异议）如果损害或危及遗产或均衡，可能会构成滥用权利。这种情况下，共同继承人的管理权或使用权会通过暂时处分中断或受限。[5]

15 　　遗产分割前，均衡义务在外部关系上不影响第2058条[6]

---

〔1〕　参见 MüKo/Ann 对 BGB 第 2055 条的注解，段落边号 12；Eberl-Borges [著]，第 235 页；Krug，载 ZEV 2000 年版，第 41 页、第 43 页；Soergel/Wolf 对 BGB 第 2055 条的注解，段落边号 1。

〔2〕　参见柏林地方高级法院判决，载 OLGE 第 11 卷，第 231 页；MüKo/Ann 对 BGB 第 2055 条的注解，段落边号 13；Soergel/Wolf 对 BGB 第 2055 条的注解，段落边号 5。

〔3〕　参见 MüKo/Ann 对 BGB 第 2055 条的注解，段落边号 6；Soergel/Wolf 对 BGB 第 2055 条的注解，段落边号 2。

〔4〕　参见 RGRK/Kregel 对 BGB 第 2055 条的注解，段落边号 8；Soergel/Wolf 对 BGB 第 2055 条的注解，段落边号 2。

〔5〕　参见 MüKo/Ann 对 BGB 第 2055 条的注解，段落边号 6；Staudinger/Werner 对 BGB 第 2055 条的注解，段落边号 14；Soergel/Wolf 对 BGB 第 2055 条的注解，段落边号 2。

〔6〕　译者注：BGB 第 2058 条标题为"连带债务责任"。

以下规定的共同继承人**对遗产债务的责任**,[1] 此点上起决定作用的是应继份。分割之后连带债务责任仍然存续。但就将责任限制于遗产的可能性而言，例如根据第 1975 条[2]，均衡也在责任范围内起作用：即须均衡的给予不应视为是从遗产当中获得的。[3] 就责任限制于遗产时而言，共同继承人仅以他们已实际从遗产中获得的标的，而不必也以须均衡的给予承担责任。因此，对于用生前给予完全被补偿的共同继承人，遗产债权人在此情形下无法再得以执行［债权］。

在**内部关系**中，有均衡义务的共同继承人——因为其承担遗产债务责任——可以要求，依据 BGB 第 2046 条第 1 款，遗产债务在分割之前予以均衡。[4] 如果有均衡义务的共同继承人出于连带债务责任经一位遗产债权人主张，被要求按其遗产份额偿付债务，则该共同继承人——由于他实际从遗产中所获标的少于其应继份——可以向其余共同继承人要求免除均衡义务或要求补偿［少得部分］。[5] 16

三、其他实用性提示

实行均衡的**计算举例**：被继承人由他的配偶继承 1/2，由他的二位子女 A 和 B 各继承 1/4。遗产价额为 10 万欧元。子女 A 必须均衡［被继承人的］生前给予 1 万欧元。第一步，不参加 17

---

[1]　参见 MüKo/*Ann* 对 BGB 第 2055 条的注解，段落边号 9；Soergel/*Wolf* 对 BGB 第 2055 条的注解，段落边号 2。

[2]　译者注：BGB 第 1975 条标题为"遗产管理；遗产支付不能"。

[3]　参见 MüKo/*Ann* 对 BGB 第 2055 条的注解，段落边号 9；Soergel/*Wolf* 对 BGB 第 2055 条的注解，段落边号 2。

[4]　参见 MüKo/*Ann* 对 BGB 第 2055 条的注解，段落边号 10；Soergel/*Wolf* 对 BGB 第 2055 条的注解，段落边号 2。

[5]　参见 MüKo/*Ann* 对 BGB 第 2055 条的注解，段落边号 10；Soergel/*Wolf* 对 BGB 第 2055 条的注解，段落边号 2。

均衡的妻子的份额（10 万欧元的 1/2 = 5 万欧元）从遗产价额中扣除。这样一来得出净遗产价额为（10 万欧元 - 5 万欧元 =）5 万欧元。第二步，须由子女 A 均衡的给予价额，即 1 万欧元，算入净遗产价额，即得出（5 万欧元 + 1 万欧元 =）6 万欧元。第三步，从 6 万欧元中算出参与遗产分割的子女们的分割存量：每位子女各享有其中的一半，即 3 万欧元。子女 A 因已接受生前给予必须被减去 1 万欧元。对净遗产价额 5 万欧元做如下分割：子女 A 享有 2 万欧元，子女 B 享有 3 万欧元。[1]

18　　如果遗产分割时不发生均衡，则可以有不当得利请求权（见 BGB 第 812 条以下）。[2]

19　　第 2055 条具有任意性。被继承人可以通过分割指示（见第 2048 条第 1 句话）规定另外一种均衡方式。共同继承人也可以通过合意和法定条款有所不同：例如可以规定实际返还须均衡的给予标的（现物返还主义）。就价额计算也可以和法定条款不同。[3]

20　　如果有人主张的给予价额高出均衡义务人承认的给予价额，须就此承担**举证责任**。[4]

---

〔1〕　其他实行均衡的计算举例另见 *Ann*〔著〕，第 292 页；MüKo/*Ann* 对 BGB 第 2055 条的注解，段落边号 3；*Juchem*，载 Frieser 编著：《专业律师继承法注解》，2011 年版中对第 2055 条的注解，段落边号 4；Soergel/*Wolf* 对 BGB 第 2055 条的注解，段落边号 7。

〔2〕　参见联邦普通法院判决，载 NJW-RR 1992 年版，第 771 页；Soergel/*Wolf* 对 BGB 第 2055 条的注解，段落边号 9。译者注：BGB 第 812 条标题为"返还请求权"。

〔3〕　参见 MüKo/*Ann* 对 BGB 第 2055 条的注解，段落边号 16 以下；Soergel/*Wolf* 对 BGB 第 2055 条的注解，段落边号 6。

〔4〕　参见 MüKo/*Ann* 对 BGB 第 2055 条的注解，段落边号 18。

第十六章　德国民法典第 2056 条
多受领的标的

BGB 第 2056 条法条条文

¹如果一位共同继承人通过给予获得多于在遗产分割时本来会归属于他的标的，他没有义务偿还多得之额。²遗产在此情况下，将通过给予价额及该共同继承人应继份均不参与均衡[1]的方式，仅在其余继承人之间分配。

一、概述

第 2056 条对第 2055 条就该情况作出补充：一位共同继承人通过受领须均衡的［被继承人］生前给予获得多于按其遗产份额应归属于其的标的。该共同继承人根据第 2056 条第 1 句话无义务将多得之额偿还到遗产中。遗产分割根据第 2056 条第 2 句话在其余共同继承人之间进行。

该条款基于对被继承人通过给予使受给予人最终受益的意愿的推测。[2] 假如受给予人必须退还他已经消费的部分给予标

1

2

---

　〔1〕　译者注："außer Ansatz"直译意为"不参与估价"。
　〔2〕　参见 *Brox/Walker*：《继承法》，段落边号 513、537；*MüKo/Ann* 对 BGB 第 2056 条的注解，段落边号 1。

的，这对他将是不公平的。[1] 从这一角度讲，该规定有必要，但它另一方面却未处理的情况为，被继承人通过对个别晚辈直系血亲的生前给予，会使其余的晚辈直系血亲吃亏，甚至包括剥夺继承权或减少应继份，并且无须通过终意处分。[2]

二、法条内容

（一）生前给予无须偿还（第 1 句话）

3　　共同继承人如果通过［被继承人的］给予获得多于第 2055 条规定的本来会归属于他的标的，没有返还或支付义务。给予标的由其保留，即使他因保留标的从数量上透支了他的分割存量。尽管有第 2316 条[3] 的规定，特留份请求权也不会涉及该共同继承人。[4] 特留份补足请求权（见第 2325 条[5] 以下）仅涉及实际的赠与。对于应继份增加的情形，增加的应继份从均衡法上视为独立的应继份（参见第 1935 条、第 2095 条；另参见第 1927 条、第 2066 条[6] 第 1 句话）。

（二）遗产均衡的程序（第 2 句话）

4　　在第 2056 条规定的情形中，按该条第 2 句话实现均衡，给

---

　　[1]　参见 MüKo/*Ann* 对 BGB 第 2056 条的注解，段落边号 1；Staudinger/*Werner* 对 BGB 第 2056 条的注解，段落边号 1；Soergel/*Wolf* 对 BGB 第 2056 条的注解，段落边号 1。

　　[2]　参见 MüKo/*Ann* 对 BGB 第 2056 条的注解，段落边号 1。

　　[3]　译者注：BGB 第 2316 条标题为"［和特留份有关的］均衡义务"。

　　[4]　参见《帝国法院民事判决》第 77 卷，第 282 页、第 283 页；MüKo/*Ann* 对 BGB 第 2056 条的注解，段落边号 3；Soergel/*Wolf* 对 BGB 第 2056 条的注解，段落边号 2。

　　[5]　译者注：BGB 第 2325 条标题为"在赠与情形下的特留份补足请求权"。

　　[6]　译者注：BGB 第 1935 条标题为"应继份增加的结果"；第 2095 条标题为"增加了的应继份"；第 1927 条标题为"多重血统关系下的多个应继份"；第 2066 条标题为"被继承人的法定继承人"。

予的价额及受给予人应继份不予考虑。实际现存的遗产，在考虑第 2055 条规定的其余共同继承人的其他均衡义务的前提下，在这些共同继承人当中分配，并且分配时根据他们应继份之间的相互比例。[1]

因为无须偿还多得之额，归属于其余共同继承人的金额于是减少。这可能导致一位共同继承人所获得的生前给予起初比其应继份低，现在却比分割金额［即应继份］高了，因此第 2056 条现在也适用于该共同继承人了。[2]

三、其他实用性提示

均衡的**计算举例**：A、B 和 C 为共同继承人，每人各继承［遗产的］1/3。遗产价额为 4 万欧元。A 必须均衡 9 万欧元，B 必须均衡 5 万欧元。这种情况下，首先将 A 和 B［获得的］须均衡的给予算入遗产价额，得出（4 万欧元 + 9 万欧元 + 5 万欧元 =）18 万欧元。该金额是计算遗产分割存量的基数：每位共同继承人都应拥有 1/3，即各 6 万欧元。A 已获得价额为 9 万欧元的须均衡给予，因此他在遗产分割时不再得到任何标的，另一方面也不必返还多出其应继份的 3 万欧元（依据第 2056 条第 1 句话）。根据第 2056 条第 2 句话，现存的遗产在 B 和 C 之间均衡，即二人各获一半。该情况下，4 万欧元的遗产价额要增算 B 获得的须均衡的给予价额 5 万欧元，得出 9 万欧元。其中一半，即 4.5 万欧元，应归 B 所有，但因为他已经获得了价额

---

〔1〕 参见联邦普通法院判决，载 NJW 1965 年版，第 1526 页、第 1527 页；MüKo/*Ann* 对 BGB 第 2056 条的注解，段落边号 7；Soergel/*Wolf* 对 BGB 第 2056 条的注解，段落边号 4。

〔2〕 参见 MüKo/*Ann* 对 BGB 第 2056 条的注解，段落边号 9；Soergel/*Wolf* 对 BGB 第 2056 条的注解，段落边号 5。

为 5 万欧元的须均衡的给予，就不能再要求任何标的了（即 B
不应拥有——在原来计算的基础上—— 6 万欧元 – 5 万欧元 ＝ 1
万欧元）。现存的 4 万欧元的遗产价额于是由 C 单独获得。[1]

7　　　作为第 2056 条的例外，《德国农庄继承法》第 12 条[2]第
9 款规定了返还多得之额的义务。

8　　　第 2055 条以下虽然基本可以任意处置（见对第 2050 条的
注解中段落边号 19、对第 2055 条的注解中段落边号 19），但被
继承人不能对返还或偿还入遗产做出有效指示。[3]

---

〔1〕　就计算举例另见 MüKo/*Ann* 对 BGB 第 2056 条的注解，段落边号 8、10；
Juchem，载 Frieser 编著：《专业律师继承法注解》，2011 年版中对第 2056 条的注解，
段落边号 8；Soergel/*Wolf* 对第 2056 条的注解，段落边号 4、5。

〔2〕　译者注：《德国农庄继承法》第 12 条标题为"继承开始后对共同继承人
的补偿"。

〔3〕　参见帝国法院判决，载 Recht，1920 年第 686 号判决；策勒地方高级法院，
载 OLGE 第 32 卷，第 52 页；MüKo/*Ann* 对 BGB 第 2056 条的注解，段落边号 6；Soer-
gel/*Wolf* 对第 2056 条的注解，段落边号 3。

第十七章　德国民法典第 2057 条
答复询问义务

BGB 第 2057 条法条条文

[1]每位共同继承人应要求，都有义务向其余继承人就其依第
2050～2053 条须均衡的给予的询问做出答复。[2]准用第 260 条、
第 261 条[1]关于做出代替宣誓的保证的义务的规定。

参考文献

Sarres："BGB 第 2057 条规定的共同继承人之间关于生前给
予的答复义务"，载 ZEV 2000 年版，第 349 页；

Sarres："新债法与继承法上的答复请求权"，载 ZEV 2002
年版，第 96 页；

Schöne：《继承法上的答复请求权》，明斯特大学 1983 年博
士论文，第 103 页以下。

一、概述

共同继承人之间就遗产的一般答复询问义务，法律没有规　1

---

　　〔1〕　译者注：BGB 第 260 条标题为"返还标的总和或答复关于标的总和的询
问时的义务"；第 261 条标题为"变更代替宣誓的保证"。

定。[1] 仅 BGB 第 2057 条允许他们有答复请求权，并且针对的
是其余共同继承人根据第 2050～2053 条须均衡的给予。该请求
权旨在保证均衡［请求］权，因为对其余各共同继承人的给予经
常不为共同继承人所知。[2] 此外，也可能根据第 242 条[3] 产生
答复请求权，例如针对所给予标的的价额。[4]

2   答复义务人可能必须做出代替宣誓的保证，保证依据第 260
条以下使第 2057 条第 2 句话准用的规定。

二、法条内容

（一）答复请求权（第 1 句话）

1. 债权人与债务人

3   答复请求权，每位有均衡义务的共同继承人都有。[5] 有询
问权的另外还包括遗嘱执行人[6] 以及有特留份权的晚辈直系血
亲（见第 2316 条[7] 第 1 款）。[8] 遗产管理人及遗产破产管理

---

〔1〕 参见柏林地方高级法院判决，载 DR 1940 年版，第 1775 页；附 *Vogel* 的评
注。

〔2〕 参见 MüKo/*Ann* 对 BGB 第 2057 条的注解，段落边号 1；Staudinger/*Werner*
对 BGB 第 2057 条的注解，段落边号 1；Soergel/*Wolf* 对 BGB 第 2057 条的注解，段落
边号 1。

〔3〕 译者注：BGB 第 242 条标题为"依诚实信用的给付"。

〔4〕 参见 Soergel/*Wolf* 对 BGB 第 2057 条的注解，段落边号 1。

〔5〕 巴伐利亚州高级法院判决，载 OLGE 第 37 卷，第 253 页；第 40 卷，第
149 页。*Sarres*，载 ZEV 2000 年版，第 349 页。

〔6〕 参见 MüKo/*Ann* 对 BGB 第 2057 条的注解，段落边号 3；Staudinger/*Werner*
对 BGB 第 2057 条的注解，段落边号 3（就特别利益的情形）；Soergel/*Wolf* 对 BGB 第
2057 条的注解，段落边号 2。

〔7〕 译者注：BGB 第 2316 条标题为"均衡义务"。

〔8〕 参见《帝国法院民事判决》第 73 卷，第 372 页、第 374 页以下；纽伦堡
地方高级法院判决，载 NJW 1957 年版，第 1482 页；MüKo/*Ann* 对 BGB 第 2057 条的
注解，段落边号 3；RGRK/*Kregel* 对 BGB 第 2057 条的注解，段落边号 3；Soergel/*Wolf*
对 BGB 第 2057 条的注解，段落边号 2。

人就特别利益情形有询问权，例如一份应继份额单独被遗产债
务负担时。[1] 答复请求权是共同继承人的一种个人权利，第
2039 条[2]不适用答复请求权。[3]

有答复询问义务的人包括第 2050 条以下规定的均衡义务　　4
人。准用第 2057 条时，以非继承人身份作为特留份权人的晚辈
直系血亲也有答复询问义务。[4]

2. 内容

对询问的答复涉及可能属于第 2050 条第 1～3 款规定的所有　　5
给予。[5] 这一方面意味着，不是一位共同继承的晚辈直系血亲
从被继承人处获得的所有给予标的都必须告知；[6] 另一方面，
答复所涉及的不仅只是正确适用第 2050 条以下时没有争议而必
须均衡的给予，因为一项均衡义务在具体情况下是否存在，最
终由法庭决定。[7]

---

　　[1]　参见 MüKo/*Ann* 对 BGB 第 2057 条的注解，段落边号 3；Soergel/*Wolf* 对
BGB 第 2057 条的注解，段落边号 2。

　　[2]　译者注：BGB 第 2039 条标题为"遗产债权"。

　　[3]　参见 Staudinger/*Werner* 对 BGB 第 2057 条的注解，段落边号 3；Soergel/*Wolf*
对 BGB 第 2057 条的注解，段落边号 2。

　　[4]　参见纽伦堡地方高级法院判决，载 NJW 1957 年版，第 1482 页；MüKo/
Ann 对 BGB 第 2057 条的注解，段落边号 4；Soergel/*Wolf* 对 BGB 第 2057 条的注解，
段落边号 3。

　　[5]　参见帝国法院判决，载 Recht，1913 年第 2431 号判决；MüKo/*Ann* 对 BGB
第 2057 条的注解，段落边号 5；Staudinger/*Werner* 对 BGB 第 2057 条的注解，段落边
号 5；Soergel/*Wolf* 对 BGB 第 2057 条的注解，段落边号 5。

　　[6]　持相反观点（即认为一位共同继承的晚辈直系血亲从被继承人处获得的
所有给予标的都必须告知）者，见《帝国法院民事判决》第 58 卷，第 88 页、第 91
页；Erman/*Schlüter* 对 BGB 第 2057 条的注解，段落边号 3。与注解中此处观点类似
者，见《帝国法院民事判决》第 73 卷，第 373 页、第 377 页以下；MüKo/*Ann* 对
BGB 第 2057 条的注解，段落边号 5；*Sarres*，载 ZEV 2000 年版，第 349 页、第 350
页；Soergel/*Wolf* 对 BGB 第 2057 条的注解，段落边号 5。

　　[7]　参见 MüKo/*Ann* 对 BGB 第 2057 条的注解，段落边号 5。

6　　　　必须就给予的所有涉及均衡的特征进行答复：生前给予的种类及数量，深造进修方面的因素，[1] 给予的时间，有关被继承人指示。[2] 共同继承人必须告知所有证明或驳斥均衡义务的情势。[3]

3. 答复的形式

7　　　　对答复没有要求特殊的形式。为能够一目了然和有据可查，以及为避免因疏于仔细之嫌可能导致要求答复义务人做出代替宣誓保证，推荐答复采用书面形式，并应详细明确。[4] 根据第2057 条第 2 句话、第 260 条第 1 款，只有在给予由标的总量构成时，才须提交标的存量清单。

（二）代替宣誓的保证（第 2 句话）

8　　　　根据第 2057 条第 2 句话结合第 260 条以下，答复义务人可能必须作出代替宣誓的保证。代替宣誓的保证不一定必须要做，而是根据第 260 条第 2 款只有怀疑答复不正确时必须做出。如果答复已做出，则不能因据称答复不完整而要求补充答复，而只能要求做出代替宣誓的保证，除非所告知内容完全不能视为答复，以至于必须认为答复未履行。[5] 对于意义不大的给予不存

---

〔1〕　参见巴伐利亚州高级法院判决，载 OLGE 第 40 卷，第 149 页。

〔2〕　参见对 BGB 第 2057 条的注解，段落边号 5；Soergel/*Wolf* 对 BGB 第 2057 条的注解，段落边号 5。

〔3〕　参见帝国法院判决，载 DNotV 1932 年版，第 603 页；MüKo/*Ann* 对 BGB 第 2057 条的注解，段落边号 5。

〔4〕　参见 MüKo/*Ann* 对 BGB 第 2057 条的注解，段落边号 6；RGRK/*Kregel* 对 BGB 第 2057 条的注解，段落边号 7；Soergel/*Wolf* 对 BGB 第 2057 条的注解，段落边号 6。

〔5〕　参见帝国法院判决，载 DNotV 1932 年版，第 603 页、第 604 页。

在代替宣誓保证义务。[1] 此点基于第 259 条[2] 第 3 款，而第 260 条第 3 款中规定该款准用。

三、其他实用性提示

答复请求权根据第 197 条[3] 第 1 款第 2 项经过 30 年消灭时效完成。[4]　9

诉讼申请及判决主文可以仅限于"就须均衡的给予"做出答复。[5] 如果可以具体，推荐予以具体化。[6] 如果原告描述与证明他和被告参与在特定情形下必须进行的均衡，就足够了。[7] 诉讼标的价值根据原告对于所求援助存在的利益大小而定，[8] 且一般仅为通过答复所提请求权［价额］的一部分（1/4 ~ 1/10）。[9] 强制执行根据 ZPO 第 888 条[10] 实现。　10

对代替宣誓保证的表述，必须使答复义务人已尽可能全部　11

---

〔1〕　不同观点见 MüKo/*Ann* 对 BGB 第 2057 条的注解，段落边号 9；RGRK/*Kregel* 对 BGB 第 2057 条的注解，段落边号 7；Staudinger/*Werner* 对 BGB 第 2057 条的注解，段落边号 10；Soergel/*Wolf* 对 BGB 第 2057 条的注解，段落边号 8。

〔2〕　译者注：BGB 第 259 条标题为"交账义务的范围"。

〔3〕　译者注：BGB 第 197 条标题为"30 年的消灭时效期间"。

〔4〕　参见 *Sarres*，载 ZEV 2002 年版，第 96 页、第 97 页。

〔5〕　参见 MüKo/*Ann* 对 BGB 第 2057 条的注解，段落边号 7；Soergel/*Wolf* 对 BGB 第 2057 条的注解，段落边号 7。

〔6〕　参见 Soergel/*Wolf* 对 BGB 第 2057 条的注解，段落边号 7。

〔7〕　参见 MüKo/*Ann* 对 BGB 第 2057 条的注解，段落边号 7。

〔8〕　参见慕尼黑地方高级法院判决，载 BayZ 1934 年版，第 321 页；MüKo/*Ann* 对 BGB 第 2057 条的注解，段落边号 7；Soergel/*Wolf* 对 BGB 第 2057 条的注解，段落边号 7。

〔9〕　Soergel/*Wolf* 对 BGB 第 2057 条的注解，段落边号 7。

〔10〕　译者注：ZPO 第 888 条标题为"不可［由第三人］替代的［债务人］行为"。

告知应该均衡的给予。〔1〕法院可以根据符合义务的裁量，决定对代替宣誓保证的表述做出符合该特别答复义务的更改（见第261 条第 1 款）。如果该答复义务人愿意做出代替宣誓的保证，可以向其住所地的区法院（见第 261 条第 1 款、第 269 条；RP-flG 第 3 条第 1b 项）〔2〕按 FamFG 第 410 条第 1 项、第 412 条第1 项及第 413 条〔3〕规定的程序做出保证。对承担代替宣誓保证的义务有争执时，由法院裁决。［代替宣誓保证的］执行依照ZPO 第 889 条结合 RPflG 第 4 条第 2 款第 2 项和第 20 条第 17项。〔4〕

〔1〕 参见巴伐利亚州高级法院判决，载 OLGE 第 40 卷，第 149 页；MüKo/*Ann*对 BGB 第 2057 条的注解，段落边号 10。

〔2〕 译者注：BGB 第 269 条标题为"给付地"；RPflG 第 3 条标题为"移交［给司法辅助员］的业务"。

〔3〕 译者注：FamFG 第 410 条标题为"自愿司法权的其他事宜"；第 412 条标题为"［自愿司法权的］当事人"；第 413 条标题为"代替宣誓的保证"。

〔4〕 译者注：ZPO 第 889 条标题为"按照民法的代替宣誓的保证"。RPflG 第 4条标题为"移交的范围"；第 20 条标题为"民法的法律争议"。

第十八章　德国民法典第2057a条对一位晚辈直系血亲特殊给付的均衡义务

BGB 第2057a条法条条文

（1）¹一位通过在被继承人家计、职业或营业中长期协助，通过可观的金钱给付或以其他方式，对保存或增加被继承人财产做出特别贡献的晚辈直系血亲，可于遗产分割时要求在与其同为法定继承人继承的晚辈直系血亲之间进行均衡；准用第2052条。²该规定也适用于长期照料被继承人的晚辈直系血亲。

（2）¹如果就上述给付已给予或约定适当的报酬，或者该晚辈直系血亲因给付基于其他法律原因享有请求权，则不能要求均衡。²如果给付已依照第1619条、第1620条〔1〕履行，不妨碍有均衡义务。

（3）均衡的计算，必须考虑给付持续的时间、范围及遗产的价额，而符合公平原则。

（4）¹遗产分割时，均衡额算入有均衡权的共同继承人的应

---

〔1〕　译者注：BGB 第1619条标题为"在家庭与营业中提供劳务"；第1620条标题为"子女为父母家计的花费"。

继份。[2] 全部均衡额从遗产价额中扣除，但以遗产归属于相互之间发生均衡的共同继承人为限。

参考文献

Ann：《继承人共同关系》，2001 年版，第 289～291 页以下；

Damrau："替代继承权的请求权与遗产均衡"，载 FamRZ 1969 年版，第 579 页；

Damrau："继承法上对［继承人的］给予和照料［被继承人］的均衡"，载 ErbR 2009 年版，第 170 页；

Fenn：《通过服务家庭成员而进行的协作》，1970 年版；

Knur："法律上关于非婚生子法律地位的亲属法与继承法问题"，载 DB 1970 年版，第 1113 页；

Körting："非婚生子的继承权"，载 NJW 1970 年版，第 1525 页；

Ludyga："继承法改革后按 BGB 第 2057a 条考虑照料工作"，载 ZErb 2009 年版，第 289 页；

Paetel：《继承法上对照料工作和其他特殊给付的均衡》，2008 年版；

Petersen："依照 BGB 第 2057a 条对共同继承人之间均衡义务的举证责任"，载 ZEV 2000 年版，第 432 页；

Weimar："一位晚辈直系血亲就特殊协作与照料的均衡请求权（依照 BGB 第 2057a 条）"，载 MDR 1973 年版，第 23 条；

Werwitzki：《从继承法上考虑一位家庭成员对被继承人的照料工作和其他特殊给予》，2009 年版。

一、概述

1 　　除通过 BGB 第 2050 条以下所涉及的对被继承人给晚辈直系

血亲生前给予的均衡外，第2057a条还在另一情形中对均衡加以了规定：所涉及的不是被继承人对晚辈直系血亲的给付，而是从另一个方向发生的给付，即晚辈直系血亲给被继承人的特殊给付。和第2050条以下的规定旨在防止受给予人受到比其他晚辈直系血亲的优待（参见对第2050条的注解中段落边号1）一样，通过第2057a条应避免做出给付的子女吃亏。第2057a条因此也是以平权思想为基础：按推测的被继承人意愿，当个别晚辈直系血亲通过特殊给付为被继承人节省了花费及时间消耗，增加了［遗产］价额，并因此为现存遗产财产做出了贡献时，将遗产在晚辈直系血亲之间平均分配是不合理的。[1]

1969年通过《非婚生子女法律地位法》（NEhelG）引入　2
BGB第2057a条时，立法者首先考虑的是非婚生子女，他们和被继承人的关系，比如仅就其家计而言，一般没有婚生子女近：第2057a条包括的给付主要由婚生晚辈直系血亲履行。[2] 如今其他情况也很重要：随着家庭越来越多地分散于不同地域，兄弟姊妹对父母的给付差别也增加。例如仍住在父母家中的未婚子女可能用很大花费照顾年迈的父母，而其他兄弟姊妹出于职业的原因生活离父母很远，甚至可能在国外，远不能以类似方式提供帮助。[3] 就照料被继承人而言（见第2057a条第1款第2句话），通过2010年的继承法改革，去掉了此前的限制条件，即均衡权人［为照料被继承人］必须已经放弃了自己的收入：如果有的晚辈直系血亲在职业行为之外还接管对父母或（外）

---

〔1〕 参见 Soergel/Wolf 对 BGB 第2057a条的注解，段落边号1。

〔2〕 参见 Ann［著］，第289页；MüKo/Ann 对 BGB 第2057a条的注解，段落边号1。

〔3〕 参见 Ann［著］，第290页。

祖父母一方的照料，则该双重负担不应对他们产生不利影响。[1]

二、法条内容

（一）均衡权的前提条件（第 1 款）

1. 均衡参与人

3　　第 2057a 条的情形中（就第 2050 条以下规定的均衡，参见对第 2050 条注解中段落边号 3），均衡也不是在所有共同继承人之间发生。有均衡权利和义务的只能是晚辈直系血亲，并且他们必须是法定继承人[2]，更确切地说，已取得或继承一位有均衡权的共同继承人的应继份。[3] 对上述情形准用第 2051 条[4]与第 2052 条（于第 2057a 条第 1 款第 1 句话末指出），但 2053 条却不适用。[5]

2. 特殊给付

4　　被均衡的是一位晚辈直系血亲已向被继承人履行的特殊给付：法律在第 2057a 条第 1 款第 1 句话和第 2 句话中规定了不同种类的给付，但并未列举所有种类（见第 2057a 条第 1 款第 1 句

---

〔1〕　参见《联邦议院出版物》，第 16 任期/第 13543 号，第 12 页。

〔2〕　根据第 1934b 条第 3 款旧条文，对于 1998 年 4 月 1 日之前开始的继承，非婚生子通过替代继承权的请求权和法定继承人有同等地位。

〔3〕　参见 MüKo/*Ann* 对 BGB 第 2057a 条的注解，段落边号 8。

〔4〕　参见 MüKo/*Ann* 对 BGB 第 2057a 条的注解，段落边号 7；*Damrau*，载 Fam-RZ 1969 年版，第 579 页、第 580 页；Soergel/*Wolf* 对 BGB 第 2057a 条的注解，段落边号 10；不同观点见 *Knur*，载 DB 1970 年版，第 1113 页、第 1115 页。

〔5〕　参见 MüKo/*Ann* 对 BGB 第 2057a 条的注解，段落边号 7；*Schlüter*：《继承法》，段落边号 722；Staudinger/*Werner* 对 BGB 第 2057a 条的注解，段落边号 21；Soergel/*Wolf* 对 BGB 第 2057a 条的注解，段落边号 10；不同观点见 *Damrau*，载 FamRZ 1969 年版，第 579 页、第 580 页；Palandt/*Weidlich* 对 BGB 第 2057a 条的注解，段落边号 3。

话中的提法："或以其他方式"）。该晚辈直系血亲已不必亲自履行有关给付，如果第三方为他履行或者第三方履行，由他负担费用即可。[1]

（1）协助（第2057a条第1款第1句话）

能够带来均衡权的特殊给付，依照第2057a条第1款第1句话可以通过晚辈直系血亲在被继承人家计、职业或营业中已长期协助的形式。**协助**是每一项脑力或体力行为。就此点而言，适用第1619条所规定的准则。[2] 协助是以主业还是以辅业履行的在所不论。[3]

家计包括所有和被继承人家务有关的事宜，首先包括事实行为，例如房间保洁、洗涤、做饭、从事修理，另外还包括法律行为，例如日常采购。被继承人的**职业**可以是自雇或者受雇性质的。**协助**不必直接以所从事职业中的工作为前提，间接的支持，例如〔给被继承人的〕书写工作或开车送〔被继承人〕至工作地点，已足够。被继承人的**营业**体现在各种营利性企业。晚辈直系血亲也可以在被继承人入股的公司中进行协助，协助是为保证被继承人的股份或增加其价值。[4]

协助必须是**长期**进行的，就此而言协助无固定的时间界限，关键要看该协助对被继承人遗产已产生了哪些影响，因此，高级的有价值劳务，时间可以比简单的劳务短。对于协助可能必

5

6

7

---

〔1〕　参见联邦普通法院判决，载 NJW 1993 年版，第 1197 页、第 1198 页；Staudinger/*Werner* 对 BGB 第 2057a 条的注解，段落边号 13；Soergel/*Wolf* 对 BGB 第 2057a 条的注解，段落边号 3、4、7。

〔2〕　参见联邦普通法院判决，载 NJW 1972 年版，第 429 条、第 430 条以下；MüKo/*Ann* 对 BGB 第 2057a 条的注解，段落边号 17。

〔3〕　参见 Soergel/*Wolf* 对 BGB 第 2057a 条的注解，段落边号 4。

〔4〕　参见 MüKo/*Ann* 对 BGB 第 2057a 条的注解，段落边号 17；*Weimar*，载 MDR 1973 年版，第 23 页；Soergel/*Wolf* 对 BGB 第 2057a 条的注解，段落边号 4。

须要求劳务持续几年时间，偶尔帮忙肯定不够。[1]

（2）金钱给付（第1款第1句话）

8　　依照第2057a条第1款第1句话，晚辈直系血亲还可以通过可观的金钱给付来实现特殊给付。哪种金钱给付算可观，取决于被继承人的财产状况，[2] 而金钱给付履行的目的在所不问。金钱给付也可以直接给被继承人的一位债权人。

（3）其他方式的给付（第1款第1句话）

9　　任意种类的给付，根据第2057a条第1款第1句话，也可以使均衡权成立，但以该给付达到一定可观程度为限，[3] 例如可以包括：物的无偿提供，供具担保，替被继承人承担行为，但以所承担行为并非协助为限，或为被继承人亲属提供照料。[4] 但依照第1601条[5] 以下提供法定扶养费不在其中，因为扶养义务以无财产为前提（第1602条[6]第1款），扶养费给付不是为保存和增加财产。但根据第2057a条，旨在保护被继承人财产的自愿性扶养费给付可以算作任意种类的给付。[7]

---

〔1〕　MüKo/*Ann* 对 BGB 第2057a条的注解，段落边号18；Soergel/*Wolf* 对 BGB 第2057a条的注解，段落边号4。

〔2〕　参见 MüKo/*Ann* 对 BGB 第2057a条的注解，段落边号22；*Lange/Kuchinke*〔著〕，§15 III 5 c 脚注59；不同观点见 Palandt/*Weidlich* 对 BGB 第2057a条的注解，段落边号6；Soergel/*Wolf* 对 BGB 第2057a条的注解，段落边号5（客观、普遍有效的标准）。

〔3〕　参见 MüKo/*Ann* 对 BGB 第2057a条的注解，段落边号27；Soergel/*Wolf* 对 BGB 第2057a条的注解，段落边号6。

〔4〕　参见 MüKo/*Ann* 对 BGB 第2057a条的注解，段落边号26、27（包括更多例证）；Soergel/*Wolf* 对 BGB 第2057a条的注解，段落边号6、7。

〔5〕　译者注：BGB 第1601条标题为"扶养义务人"。

〔6〕　译者注：BGB 第1602条标题为"〔自己不能维持生计意义上的〕贫困"。

〔7〕　参见 MüKo/*Ann* 对 BGB 第2057a条的注解，段落边号22；Staudinger/*Werner* 对 BGB 第2057a条的注解，段落边号15；Soergel/*Wolf* 对 BGB 第2057a条的注解，段落边号6。

（4）照料（第 1 款第 2 句话）

第 2057a 条第 1 款第 2 句话明确将对被继承人的照料和第 1   10
句话中所列举的特殊给付同等对待，前提是长期进行照料。所
要求时间的长短——和有关协助的规定类似（参见段落边号
7）——取决于照料行为的类型与范围及财产价值。对于较轻的
照料，须要求多年时间；而对于高强度的照料，可能 1 个月就够
了。[1]

3. 保存和增加被继承人财产

如第 2057a 条第 1 款第 1 句话所要求的，特殊给付必须以特   11
别程度使被继承人财产得以保存或增加。**财产保存或增加**意味
着现有财产的状况被积极影响，[2] 可以通过对单独财产标的投
资，也可以通过履行债务或承担旨在保护现有财产的费用来实
现。[3] 如果存在诸如段落边号 3 ~ 10 中所描述的特殊给付，一
般可以认为财产被保存或增加。[4]

为促进财产保存或增加所做的贡献必须达到**特别的规模**。   12
不在于财产可观的保存或增加，而在于促进财产保存或增加的
贡献——和其他引发财产保存或增加的因素相比——必须显著。[5]

---

〔1〕 参见 MüKo/*Ann* 对 BGB 第 2057a 条的注解，段落边号 23；Staudinger/*Werner* 参见 MüKo/*Ann* 对 BGB 第 2057a 条的注解，段落边号 17；Soergel/*Wolf* 参见 MüKo/*Ann* 对 BGB 第 2057a 条的注解，段落边号 7。

〔2〕 参见对 BGB 第 2057a 条的注解，段落边号 16；Staudinger/*Werner* 对 BGB 第 2057a 条的注解，段落边号 8。

〔3〕 参见 MüKo/*Ann* 对 BGB 第 2057a 条的注解，段落边号 16；Soergel/*Wolf* 对 BGB 第 2057a 条的注解，段落边号 8。

〔4〕 参见 MüKo/*Ann* 对 BGB 第 2057a 条的注解，段落边号 16；*Odersky*：《非婚生子女法律地位法》，1978 年版，第 1 条，编号 90（第 2057a 条），注解 II 2 c。

〔5〕 参见 Soergel/*Wolf* 对 BGB 第 2057a 条的注解，段落边号 9。

财产的保存或增加必须基于履行的给付，[1] 该情况大致相当于被继承人假如没有该晚辈直系血亲帮助的话，就必须雇一个劳动力。[2]

（二）均衡权的排除（第 2 款）

13　如果该晚辈直系血亲因给付已从被继承人遗产中得到等值标的，或者遗产因该晚辈直系血亲给付而被设定属于其债权的负担，则第 2057a 条的目标不能用来实现平等对待所有晚辈直系血亲。第 2057a 条第 2 款第 1 句话在这些情形下因此排除均衡，这即意味着第 2057a 条规定的均衡请求权与通常的请求权相比是辅助性的。[3]

1. 有偿给付（第 2 款第 1 句话第 1 种、第 2 种情况）

14　和第 2057a 条第 2 款第 1 句话首先阐述的一样，如果晚辈直系血亲因给付而已获得报酬或已约定有报酬，不能要求均衡。这样的情况首先包括晚辈直系血亲通过劳动或雇佣合同完成给付行为或者因［向被继承人］提供贷款而已获得利息。对于此类情况，第 2057a 条第 2 款第 1 句话规定以合适的报酬为前提，报酬的价值必须与所履行的给付相符，否则的话，属于部分无偿的给付，仅就该无偿部分发生均衡；但对［报酬］略微的不合适不予考虑。[4]

---

〔1〕　参见 MüKo/*Ann* 对 BGB 第 2057a 条的注解，段落边号 16；Soergel/*Wolf* 对 BGB 第 2057a 条的注解，段落边号 9。

〔2〕　参见 Soergel/*Wolf* 对 BGB 第 2057a 条的注解，段落边号 9。

〔3〕　参见 MüKo/*Ann* 对 BGB 第 2057a 条的注解，段落边号 28；Soergel/*Wolf* 对 BGB 第 2057a 条的注解，段落边号 14。关于其他请求权在消灭时效、失权及放弃时的影响参见 MüKo/*Ann* 对 BGB 第 2057a 条的注解，段落边号 31；Soergel/*Wolf* 对 BGB 第 2057a 条的注解，段落边号 15。

〔4〕　参见 MüKo/*Ann* 对 BGB 第 2057a 条的注解，段落边号 29；Soergel/*Wolf* 对 BGB 第 2057a 条的注解，段落边号 13。

2. 基于其他法律依据的请求权（第2款第1句话第3种情况）

即使晚辈直系血亲因给付而基于其他法定原因享有请求权，15
依照第2057a条第2款第1句话仍不发生均衡。请求权首先包括
基于不当得利（见第812条〔1〕以下）或无因管理（见第677
条〔2〕以下）的法定请求权，另外，还包括诸如要求归还贷款
的请求权（见第488条〔3〕第1款第2句话）。如果有均衡义务
的共同继承人不能证明此类其他请求权前提满足，则有发生均
衡的可能。〔4〕

3. 履行法定义务进行的给付（第2款第2句话）

依照第2057a条第2款第2句话，如果［晚辈直系血亲的］16
给付系属于家庭中的子女履行法定劳务义务（见第1619条）〔5〕，
或者按第1620条系［子女为支付家计费用］支出费用或财产移
交［给父母］，反而均衡请求权不因此取消。就这些情形而言，
仅生前对被继承人的补偿请求权取消，而对其他作为共同继承
人的晚辈直系血亲的均衡请求权并不取消。〔6〕就其他情况而
言，如果完成特殊给付系履行一项法定义务，和生前给予不同

---

〔1〕　译者注：BGB第812条标题为"返还请求权"。

〔2〕　译者注：BGB第677条标题为"管理人的义务"。

〔3〕　译者注：BGB第488条标题为"贷款合同中的合同类型上的义务"。

〔4〕　参见MüKo/*Ann*对BGB第2057a条的注解，段落边号31；*Damrau*，载
FamRZ 1969年版，第579页、第581页；*Petersen*，载ZEV 2000年版，第432页、第
433页；Staudinger/*Werner*对BGB第2057a条的注解，段落边号23；Soergel/*Wolf*对
BGB第2057a条的注解，段落边号14。

〔5〕　另见联邦普通法院判决，载NJW 1993年版，第1197页、第1198页。

〔6〕　参见MüKo/*Ann*对BGB第2057a条的注解，段落边号32；Soergel/*Wolf*参
见MüKo/*Ann*对BGB第2057a条的注解，段落边号12。

（参见对第2050条的注解中段落边号7），也不影响均衡权，[1]但此类情形很少（扶养费给付参见本注解中段落边号9）。

（三）均衡数额的多少（第3款）

17 　　均衡的数额——和第2050条的情形不同——不被准确计算，即不对各项给付及它们对遗产的作用开列清单和进行评价，[2]而这些往往也就根本不可能。第2057a条第3款实际规定了，均衡数额必须——在考虑不同因素的情况下——按**公平原则**估量。

18 　　第2057a条第3款中列出的因素一方面为给付持续的时间与范围，另一方面为遗产的价额。就给付而言，比方说，必须考虑照料行为的期间，一项协助行为每天的耗费或交于被继承人的一笔金钱数额的大小。[3]此外遗产的价额是用于估量的一个因素，因为只有考虑该价额时才能估算，晚辈直系血亲的给付是否以特别的程度为遗产保存和增加做出了贡献。[4]不排除可能出现，均衡数额超过应分配给晚辈直系血亲的遗产，其余晚辈直系血亲因此得不到任何遗产的情况。[5]

---

〔1〕　参见 MüKo/*Ann* 对 BGB 第2057a条的注解，段落边号32；Staudinger/*Werner* 对 BGB 第2057a条的注解，段落边号25；Soergel/*Wolf* 对 BGB 第2057a条的注解，段落边号12；另参见 *Ann*［著］，第290页以下。

〔2〕　参见《联邦普通法院民事判决》第101卷，第57页、第64页；联邦普通法院判决，载 NJW 1993年版，第1197页、第1198页。

〔3〕　参见 MüKo/*Ann* 对 BGB 第2057a条的注解，段落边号34。

〔4〕　参见 MüKo/*Ann* 对 BGB 第2057a条的注解，段落边号35；Staudinger/*Werner* 对 BGB 第2057a条的注解，段落边号29；Soergel/*Wolf* 对 BGB 第2057a条的注解，段落边号17。

〔5〕　参见策勒地方高级法院判决，载 OLGR1996年版，第214页；Soergel/*Wolf* 对 BGB 第2057a条的注解，段落边号17；不同观点见石勒苏益格地方高级法院判决，载 NJW-RR 2013年版，第205页以下；MüKo/*Ann* 对 BGB 第2057a条的注解，段落边号35；Staudinger/*Werner* 对 BGB 第2057a条的注解，段落边号29；未置可否的观点见联邦普通法院判决，载 NJW 1993年版，第1197页、第1198页。

如果被继承人通过终意处分确定了均衡数额的大小或共同　　19
继承人就均衡数额的大小达成合意，则仅该数额是决定性的，
而不再取决于公平性观点。[1]

（四）均衡的实行（第 4 款）

均衡程序分多个步骤完成。首先——和依照第 2050 条以下　20
对给予的均衡一样（另参见对第 2055 条的注解中段落边号
5）——必须将**不参加遗产分割的共同继承人的份额**分离出来。
另外，遗产以及所有不参加分割的共同继承人的份额被估算。
通过从遗产价额中扣除这些应继份总价额，得出一个"净"遗
产值（该遗产"以归属于相互之间发生均衡的共同继承人为
限"，见第 2057a 条第 4 款第 2 句话末）。

第二步中，净遗产价额因**须均衡的给付**再次改变。另外，　21
这些给付被估算（就估算参见本注解中段落边号 17～19），估算
的价额从净遗产值中扣除（第 2057a 条段落边号 4 第 2 句话）。

最后一步，从这些已改变的遗产价额中计算出参加均衡的　22
共同继承人的**分割存量**。另外，从该已改变的遗产价额中依据
相对继承份额计算出应继份，并且将所履行给付的价值分别算
入其中（第 2057a 条第 4 款第 1 句话）。

三、其他实用性提示

实行均衡的**计算举例**：被继承人遗产由其妻子继承 1/2，由　23
他的二位子女各继承 1/4。遗产价额为 10 万欧元。子女 A 已向
被继承人履行了第 2057a 条中所规定的特殊给付，应估算为 2 万
欧元。第一步，不参加均衡的妻子的份额（10 万欧元 1/2 的份
额 = 5 万欧元）从遗产价额中扣除。因此得出净遗产价额为

---

[1]　参见 Soergel/*Wolf* 对 BGB 第 2057a 条的注解，段落边号 17。

（10 万欧元 – 5 万欧元 ＝）5 万欧元。第二步，使子女 A 具有均衡权的给付的价额——此处为 2 万欧元——从净遗产价额中扣除，得出（5 万欧元 – 2 万欧元 ＝）3 万欧元的价额。第三步，从 3 万欧元中算出参与分割的子女的分割存量：每位子女享有其中的一半，即各 1.5 万欧元。子女 A 的份额中再算入由其所做给付的价额，2 万欧元，A 因此从净遗产价额 5 万欧元当中获得3.5 万欧元。[1]

24   第 2057a 条有**任意法**性质。均衡可以通过被继承人终意处分以有利于其余共同继承人[2]的遗赠的方式或通过共同继承人的约定被排除。[3] 通过该方式可以确定均衡的方式，特别是均衡额的大小。[4]

25   以一位晚辈直系血亲享有一个**特留份权**为限，计算特留份权时，均衡权必须根据第 2057a 条，以对特留份权人有利或无利的方式和在不考虑被继承人可能的终意处分的情形下，予以对待（第 2316 条[5]）。[6]

26   就第 2057a 条时间上的**适用范围**，可参见 MüKo/*Ann* 对 BGB第 2057a 条的注解中段落边号 2。

---

〔1〕 就计算举例另参见 *Ann*〔著〕，第 292 页；MüKo/*Ann* 对 BGB 第 2057a 条的注解，段落边号 40；*Juchem*，载 Frieser 编著：《专业律师继承法注解》，2011 年版中对第 2057a 条的注解，段落边号 21；Soergel/*Wolf* 对 BGB 第 2057a 条的注解，段落边号 18 以下。

〔2〕 参见 *Bosch*，载 FamRZ 1972 年版，第 169 页、第 174 页；*Damrau*，载 FamRZ 1969 年版，第 579 页、第 581 页；MüKo/*Ann* 对 BGB 第 2057a 条的注解，段落边号 3；Soergel/*Wolf* 对 BGB 第 2057a 条的注解，段落边号 1、16。

〔3〕 参见 Soergel/*Wolf* 对 BGB 第 2057a 条的注解，段落边号 16。

〔4〕 参见 Soergel/*Wolf* 对 BGB 第 2057a 条的注解，段落边号 16。

〔5〕 译者注：BGB 第 2316 条标题为 "均衡义务"。

〔6〕 参见联邦普通法院判决，载 NJW 1993 年版，第 1197 页。

有争议时由**受理**法院确定均衡额的大小。[1] 确定时，和 ZPO 第 253 条[2] 第 2 款第 2 项不同，一般只能提出未被估值的申请，[3] 具体化义务也有所减少。[4] 就受理法院在计算均衡额大小必须做出的整体估价而言（参见本注解中段落边号 17 以下），所提供的证据，在法官公平判决基础所要求的限度内，必须予以申述。[5] 诉讼标的价值，以原告提出被估值的申请为限，取决于诉求的数额。[6] 其他情况下，准用估值申请的基本原则。[7]

第 2057a 条亦准用于农庄继承人的给付。[8]

27

28

---

〔1〕 参见 MüKo/*Ann* 对 BGB 第 2057a 条的注解，段落边号 37；Staudinger/*Werner* 对 BGB 第 2057a 条的注解，段落边号 30。

〔2〕 译者注：ZPO 第 253 条标题为"诉状"。

〔3〕 参见 MüKo/*Ann* 对 BGB 第 2057a 条的注解，段落边号 37；*Lange/Kuchinke* ［著］，§ 15 III 5 d；Soergel/*Wolf* 对 BGB 第 2057a 条的注解，段落边号 21。

〔4〕 参见 MüKo/*Ann* 对 BGB 第 2057a 条的注解，段落边号 37；*Lange/Kuchinke* ［著］，§ 15 III 5 d。

〔5〕 参见 Soergel/*Wolf* 对 BGB 第 2057a 条的注解，段落边号 17。

〔6〕 参见 MüKo/*Ann* 对 BGB 第 2057a 条的注解，段落边号 37；Soergel/*Wolf* 对 BGB 第 2057a 条的注解，段落边号 17。

〔7〕 就此可另参见 Thomas/Putzo/*Hüßtege* 对 ZPO 第 3 条的注解，段落边号 63。

〔8〕 参见 Staudinger/*Werner* 对 BGB 第 2057a 条的注解，段落边号 26；Soergel/ *Wolf* 对 BGB 第 2057a 条的注解，段落边号 20；分别还包括对旧法条的注解。

图书在版编目（ＣＩＰ）数据

德国民法遗产分割（§§2042~2057a BGB）诺莫斯注解/王强译.—北京：
中国政法大学出版社，2014.8
　ISBN 978-7-5620-5534-1

　Ⅰ．①德… Ⅱ．①王… Ⅲ．①遗产－分割－法律解释－德国 Ⅳ．①
D951.3

中国版本图书馆CIP数据核字(2014)第168568号

书　名	德国民法遗产分割（§§2042~2057a BGB）诺莫斯注解 DEGUO MINFA YICHAN FENGE（§§2042~2057a BGB）NUOMOSI ZHUJIE
出版者	中国政法大学出版社
地　址	北京市海淀区西土城路25号
邮　箱	fadapress@163.com
网　址	http://www.cuplpress.com（网络实名：中国政法大学出版社）
电　话	010-58908435(第一编辑部) 58908334(邮购部)
承　印	固安华明印业有限公司
开　本	880mm×1230mm 1/32
印　张	5.750
字　数	139千字
版　次	2014年8月第1版
印　次	2014年8月第1次印刷
定　价	22.00元